AF276388

Disfrute gratuitamente **DURANTE UN AÑO** de los eBook y audiolibros de las obras de Editorial Colex*

- ⊗ Acceda a la página web de la editorial **www.colex.es**

- ⊗ Identifíquese con su usuario y contraseña. En caso de no disponer de una cuenta regístrese.

- ⊗ Acceda en el menú de usuario a la pestaña «Mis códigos» e introduzca el que aparece a continuación:

RASCAR PARA VISUALIZAR EL CÓDIGO

Aproximación al nuevo Reglamento de extranjería

- ⊗ Una vez se valide el código, aparecerá una ventana de confirmación y su eBook y audiolibro estará disponible **durante 1 año desde su activación** en la pestaña «Mis libros» en el menú de usuario.

---

* Los audiolibros están disponibles en las ediciones más recientes de nuestras obras. Se excluyen expresamente las colecciones «Códigos comentados», «Biblioteca digital» y los productos de www.vademecumlegal.es.

No se admitirá la devolución si el código promocional ha sido manipulado y/o utilizado.

¡Gracias por confiar en nosotros!

La obra que acaba de adquirir incluye de forma gratuita la versión electrónica.

Acceda a nuestra página web para aprovechar todas las funcionalidades de las que dispone en nuestro lector.

Funcionalidades eBook

Acceso desde cualquier dispositivo con conexión a internet

Idéntica visualización a la edición de papel

Navegación intuitiva

Tamaño del texto adaptable

Síguenos en:

APROXIMACIÓN AL NUEVO REGLAMENTO DE EXTRANJERÍA

APROXIMACIÓN AL NUEVO REGLAMENTO DE EXTRANJERÍA

Alfonso Ortega Giménez

COLEX 2025

© Alfonso Ortega Giménez

© Editorial Colex, S.L.
Calle Costa Rica, número 5, 3.º B (local comercial)
A Coruña, C.P. 15004
info@colex.es
www.colex.es

I.S.B.N.: 978-84-1194-959-0
Depósito legal: C 310-2025

SUMARIO

4
VISADOS

5
ESTANCIA Y RESIDENCIA

6
AUTORIZACIONES POR CIRCUNSTANCIAS EXCEPCIONALES

7
MENORES EXTRANJEROS

8
GESTIÓN DE TRABAJADORES MIGRANTES

9
DISPOSICIONES COMUNES Y SANCIONADORAS

10
IMPACTO ESPERADO DE LAS REFORMAS

11
DISPOSICIONES FINALES

12
CONCLUSIONES

NOTA SOBRE EL AUTOR

ALFONSO ORTEGA GIMÉNEZ es Doctor Honoris Causa otorgado por la Universidad de San Lorenzo (UNI-SAL), 2024. **Doctor Honoris Causa** por la Universidad Autónoma San Sebastián de San Lorenzo-UASS, 2022; **Doctor Honoris Causa** por el Instituto Interamericano de Investigación y Docencia en Derechos Humanos, en la Universidad Juárez Autónoma de Tabasco (México), 2021; **Doctor en Derecho**, 2014 (Calificación: Sobresaliente *Cum Laude* por unanimidad); Premio extraordinario de Doctorado, 2018; Licenciado en Derecho, 2000; y, **Master en Comercio Internacional** por la Universidad de Alicante, 2001.

Profesor Titular de Derecho internacional privado en la Universidad Miguel Hernández de Elche. Director del Observatorio Provincial de la Inmigración de Alicante. Vicedecano de Grado en Derecho de la Facultad de Ciencias Sociales y Jurídicas de Elche. Director del Máster Universitario en Abogacía de la Universidad Miguel Hernández (UMH) de Elche, desde el curso académico 2021/2022. Director de la Cátedra de Relaciones Privadas Internacionales UMH-ICAO de la Universidad Miguel Hernández de Elche, desde marzo de 2022. También es Magistrado Suplente de la Audiencia Provincial de Castellón desde 2022; Académico de Honor de la Academia Internacional de Ciencias, Tecnología, Educa-

ción y Humanidades, desde 2018; **Vocal del Observatorio Valenciano de la Inmigración** (Resolución de 09 de abril de 2010, del Presidente del Observatorio Valenciano de la Inmigración, Conseller de Solidaritat y Ciudadania de la Generalitat Valenciana); **Docente homologado, con carácter definitivo, por ICEX España Exportación e Inversiones,** en Madrid (España), a fecha 29 de mayo de 2024; y, **Profesor en el Programa de Doctorado en Creación Artística de la Universidad Miguel Hernández de Elche,** impartido en la Facultad de Bellas Artes de Altea, desde el año 2024.

Es Consultor de Derecho internacional privado de la Universitat Oberta de Catalunya (UOC), desde el segundo semestre del curso académico 2008/2009, y **Consejero académico del despacho de Abogados ARA Y ASOCIADOS,** con sede principal en Alicante y oficinas en Murcia, Madrid y Beijing (China) y de la Asesoría GRUPO ASESOR ROS, con sede en Elche.

Tiene **reconocidos por la CNEAI tres Sexenios de Investigación** correspondientes al tramo 2002-2007 (Fecha concesión: 23/10/19), al tramo 2009-2017 (Fecha concesión: 21/06/18), al tramo 2018-2023 (Fecha concesión: 09/05/2024) y al tramo 2018-2023 (Fecha concesión: 9/05/24). Reconocido también, en su día, un Sexenio de Investigación correspondiente al tramo 2010-2016 por la AVAP (Fecha concesión: 18/01/18).

Miembro de la Asociación para la Docencia e Innovación en Derecho (Ludoteca Jurídica), desde julio de 2021. Miembro de la Asociación de Política Exterior Española. Miembro de la Asociación de Derecho del Arte (ADA). Miembro de Número del Capítulo Reino de España, otorgado por la Academia Norte-Americana de Literatura Moderna Internacional y por la Junta Directiva del Estado de New Jersey (EE.UU.). Miembro del ELI *(European Law Institute)*. Miembro de la Red Española de Política

Social-REPS. Miembro de la Sociedad Latinoamericana de Derecho Internacional-SLADI. Miembro de la Asociación Americana de Derecho Internacional Privado-ASA-DIP. Miembro de número de la Asociación Española de Profesores de Derecho Internacional y Relaciones Internacionales-AEPDIRI; Miembro de la Asociación Española para el Fomento de la Seguridad de la Información-ISMS Forum Spain; Ha sido Vicepresidente de la Asociación del Master en Comercio Internacional de la Universidad de Alicante-AMCI hasta julio 2018; Miembro de la Asociación Española para el Estudio del Derecho Europeo-AEDEUR; Miembro de la Asociación Castellano-Manchega de Sociología-ACMS. Miembro de la Asociación Española de Derecho del Entretenimiento- DENAE. Miembro del Instituto de Derecho Iberoamericano-IDIBE.

Ha recibido numerosos premios en docencia e investigación: Nominado a los Premios EDUCA ABANCA Mejor Docente de España 2024 en la categoría de UNIVERSIDAD tras haber sido propuesto/a por su alumnado y seleccionado/a por el Comité de Baremación del Certamen. El evento está organizado por la plataforma educativa EDUCA en colaboración con la fundación ABANCA Obra Social. El certamen ha recibido un total de 1908 propuestas de toda España. Los premios buscan reconocer la buena praxis docente en todas las etapas educativas de todos los centros públicos y privados que imparten titulaciones oficiales, en A Coruña, a 30 de septiembre de 2024. Visitante ilustre por su honorable visita de impacto previsto en la comunidad de la Universidad de San Lorenzo (UNISAL), en Paraguay, a 21 de junio de 2024. Mención de reconocimiento DOCENTE DESTACADO por su loable, abnegada e inspiradora trayectoria como docente en Educación Superior trascendiendo en su andar como ejemplo de calidad educativa, en la Universidad de San Lorenzo (UNISAL)- Paraguay, a 19 de junio de 2024. Premio UMH al Talento Docente para el año 2023, dentro

de la rama académica de CIENCIAS SOCIALES, JURI-
DICAS Y HUMANIDADES por Resolución Rectoral N.º
03610/2023, de fecha 04 de diciembre de 2023, según las
bases para la concesión de los Premios al Talento Docente
en el marco del Programa Docentia-UMH, aprobadas por
Consejo de Gobierno de la Universidad Miguel Hernández
de Elche en sesión de 25 de enero de 2023, en Elche, a
4 de diciembre de 2023. Certificado de calidad docente
EXCELENTE, valoración final obtenida en el proceso de
evaluación de las actividades docentes desarrolladas en
el periodo curso inicial 2018/2019 - curso final 2021/2022,
realizado de acuerdo con los criterios y procedimientos
establecidos en el PROGAMA DOCENTIA-UMH, evaluado
positivamente por la ANECA, con fecha 27 de febrero
de 2013, en la Universidad Miguel Hernández de Elche,
a 30 de noviembre de 2023. Visitante Ilustre de la Universidad San Lorenzo (UNISAL), otorgado por el Consejo
Académico mediante Resolución N.º 110/2022-CSU, en
Paraguay, a 5 de diciembre de 2022. Premio «INSTITUTO
VASCO DE DERECHO PROCESAL» de Artículos Doctrinales sobre el fomento del estudio del Derecho Procesal, en
su XII Edición por el trabajo inédito titulado «Resolución
de problemas de competencia judicial internacional y de
determinación de la ley aplicable en materia de derechos
reales en España», en San Sebastián (País Vasco), 11 de
octubre de 2022. Premio en la convocatoria de «Premios
UMH al Talento Docente» para el año 2021, dentro de la
rama académica de Ciencias Sociales, Jurídicas y Humanidades, por Resolución Rectoral n.º 04858/21, de fecha
23 de noviembre de 2021, en el marco del PROGRAMA
DOCENTIA-UMH, aprobadas por el Consejo de Gobierno
de la Universidad Miguel Hernández de Elche, en sesión
de 14 de diciembre de 2020, en Elche, a 02 de diciembre
de 2021. Ganador *ex-aequo* en la categoría «Aula responde» del XVIII del Certamen Innova-Emprende de la
Universidad Miguel Hernández de Elche, en Elche, a 1 de
julio de 2021. Premio en el I Certamen de Artículos Jurídi-

cos Breves del Derecho del Entretenimiento y Tecnologías de la información, organizado por la Asociación Española de Derecho del Entretenimiento —DENAE—, por el artículo «Los "contratos inteligentes" (Smart Contracts) ni son "contratos" ni son "inteligentes", en Madrid, a 24 de junio de 2020. Premio «Instituto Vasco de Derecho Procesal» en su IX Edición, por el trabajo «La alegación y prueba del Derecho extranjero tras la nueva Ley de Cooperación Jurídica Internacional», en Donostia-San Sebastián, a 29 de noviembre de 2019. Cruz al Mérito, en virtud de su destacada y meritoria labor académica y científica profesional, acordado por la Junta de Gobierno de la Academia Internacional de Ciencias, Tecnología, Educación y Humanidades, en Valencia, a 9 de noviembre de 2019. Reconocimiento al Mérito Universitario, en virtud de su destacada y meritoria labor académica y científica profesional, acordado por la Junta de Gobierno de la Academia Internacional de Ciencias, Tecnología, Educación y Humanidades, en Valencia, a 9 de noviembre de 2019. Premio a la excelencia en la práctica jurídica de Economist & Jurist, en Madrid, 3 de diciembre de 2018. Premio UMH 2018 a la Productividad Investigadora, otorgado por el Vicerrector de Investigación e Innovación de la Universidad Miguel Hernández de Elche. Premio UMH 2017 a la Productividad Investigadora, otorgado por el Consejo de Gobierno de la Universidad Miguel Hernández de Elche. Premio «Investigación» en la modalidad de «Jóvenes Investigadores» 2017. Premio UMH al Talento Docente 2017. Premio «Investigación» en la modalidad de «Jóvenes Investigadores» 2016. Premio UMH 2016 a la Productividad Investigadora. Premio a la excelencia en la Práctica Jurídica de ISDE 2016. Premio Joven Investigador por el Consejo Social de la Universidad Miguel Hernández de Elche (XII edición). Premio al profesional de Comercio exterior del año 2016, otorgado por la Asociación Española de Profesionales de Comercio Exterior a las empresas (ACOCEX) y BANKIA. Premio «INSTITUTO VASCO DE DERECHO PRO-

CESAL» en su V Edición (Premio de Artículos Doctrinales sobre el fomento del estudio del Derecho Procesal), en el año 2015. Premio UMH 2015 a la productividad investigadora. Premio UMH 2014 a la productividad investigadora. Premio Santander al mejor Ensayo Corto convocado por la Red Cátedra Santander de Responsabilidad Social Corporativa (Convocatoria 2015). Primer accésit de la XII edición del Premio de Ensayo Breve de la Asociación Castellano-Manchega de Sociología «Fermín Caballero»; V Premio Jurídico Internacional Instituto Superior de Derecho y Economía (ISDE); Accésit en la categoría de «Investigación» de la XVIII edición de los «Premios de Protección de Datos 2014» de la Agencia Española de Protección de Datos. Búho de oro al mejor profesor del Curso 2013/2014 de la Escuela Superior de Marketing (ESUMA). Premio UMH al Talento Docente, años 2014, 2017 y 2019.

Ponente habitual en numerosos cursos organizados en España y en el extranjero en materia de Derecho internacional privado, Derecho de la nacionalidad, Derecho de extranjería, Derecho del comercio internacional, Contratación internacional y Protección de datos de carácter personal, entre otros. Ha dirigido infinidad de TFG y TFM y cuatro Tesis doctorales.

Autor de diferentes artículos, notas, recensiones y comentarios relacionados con dichas materias publicados en Revistas científicas, técnicas y de divulgación, españolas y extranjeras; **ha participado, como autor, coautor, director y/o coordinador en más de 250 libros.**

1

PLANTEAMIENTO

El **Real Decreto 1155/2024, de 19 de noviembre, por el que se aprueba el Reglamento de la Ley Orgánica 4/2000, de 11 de enero, sobre derechos y libertades de los extranjeros en España y su integración social** (BOE núm. 280, de 20 de noviembre de 2024) —en adelante, el Real Decreto 1155/2024, el nuevo Reglamento de Extranjería o el nuevo RLOEX— introduce un marco normativo integral que regula la gestión migratoria en España, reorganizando y ampliando disposiciones esenciales para adaptarlas a las realidades contemporáneas. La estructura de esta normativa se compone de un artículo único que aprueba el nuevo Reglamento de Extranjería, acompañado de cinco disposiciones transitorias, una disposición derogatoria única y cuatro disposiciones finales. Estas disposiciones establecen la transición normativa y aclaran aspectos clave como la validez de autorizaciones existentes, la gestión de solicitudes previas a la entrada en vigor del reglamento y la regulación de circunstancias excepcionales. La disposición final tercera confiere al Gobierno el mandato de implementar reformas necesarias para proteger a colectivos en riesgo debido a conflictos o disturbios graves.

El nuevo Reglamento de Extranjería en sí consta de doscientos sesenta y cinco artículos, distribuidos en quince títulos, diecinueve disposiciones adicionales y una disposición transitoria única. Estos artículos desarrollan detalladamente cada aspecto de la normativa migratoria, comenzando con el Título I, que regula el régimen de entrada y salida del territorio español. En este título, se introducen modificaciones destinadas a armonizar la normativa española con el Código de Fronteras Schengen. Por ejemplo, se sustituye el concepto de puesto fronterizo por paso fronterizo, aumentando las referencias al marco europeo para garantizar un alineamiento normativo.

En el Título II, dedicado a los visados, se amplía significativamente la regulación de esta figura. Este apartado detalla las diferentes clases de visados, como los de tránsito aeroportuario, estancia de corta duración y larga duración, estableciendo procedimientos específicos para cada tipo. Dada la importancia de los visados en la gestión migratoria, se crea un título exclusivo que aclara los requisitos generales y específicos. Las oficinas consulares se encargan de valorar los requisitos generales, mientras que las oficinas de extranjería asumen la responsabilidad de evaluar las condiciones particulares para cada autorización.

El Título III se centra en las estancias, diferenciando entre corta y larga duración. Las estancias de corta duración, generalmente con fines turísticos, familiares o profesionales, se alinean más estrechamente con el derecho de la UE. Por otro lado, las estancias de larga duración, como las destinadas a estudios o actividades formativas, introducen mecanismos innovadores para atraer talento y fomentar la empleabilidad, incluyendo la creación de un Registro de Instituciones y Centros de Enseñanza Superior. Este registro aporta seguridad jurídica al definir las instituciones reconocidas para ofrecer actividades educativas o formativas. Además, se elimina la regulación redundante de prácticas no laborales y actividades de investigación.

El Título IV se dedica a la residencia temporal, marcando importantes cambios. Por ejemplo, se crean requisitos generales aplicables a todas las autorizaciones de residencia y específicos para cada tipo. Se flexibilizan las condiciones laborales, permitiendo a las personas extranjeras trabajar por cuenta propia junto con su empleo principal. En el ámbito de la reagrupación familiar, se clarifican los vínculos familiares reconocidos, incluyendo cónyuges no casados y familiares ascendientes. También se introduce un capítulo específico para los familiares de personas con nacionalidad española, proporcionando un estatuto más completo y resolviendo las limitaciones previas de la figura de arraigo familiar.

El Título V aborda las autorizaciones de residencia y trabajo para actividades de temporada, tanto a nivel individual como colectivo, incorporando los derechos y garantías de los trabajadores temporales establecidos en la Directiva 2014/36/UE. En paralelo, el Título VI regula la gestión colectiva de contrataciones en origen, permitiendo a las empresas tramitar múltiples autorizaciones de manera conjunta para atender demandas laborales específicas.

El Título VII introduce cambios en las autorizaciones por circunstancias excepcionales, como el arraigo. Se redefine esta figura, destacando nuevas categorías como el arraigo de segunda oportunidad para personas que perdieron su autorización previa, el arraigo sociolaboral vinculado a contratos de trabajo, y el arraigo socio formativo enfocado en actividades educativas. Estas reformas reducen el periodo de permanencia en España necesario para acceder al arraigo, a excepción del arraigo familiar, y amplían la habilitación para trabajar. Además, se mantienen las autorizaciones por razones humanitarias, colaboración con autoridades y seguridad nacional, incorporando disposiciones específicas para víctimas de delitos como los de odio o trata de personas.

El Título VIII, dedicado a trabajadores transfronterizos, no presenta cambios significativos. Sin embargo, el Título IX, relativo a menores extranjeros, introduce mejoras en los procedimientos de residencia para hijos o tutelados de personas extranjeras con residencia legal. También se simplifican los trámites para desplazamientos temporales de menores en programas humanitarios.

El Título X aborda la residencia de larga duración, alineándose con la Directiva 2003/109/CE y adaptando procedimientos para titulares de la Tarjeta azul-UE. El Título XI, por su parte, regula la modificación de situaciones migratorias, implementando parcialmente la Directiva (UE) 2024/1233, que establece un permiso único para residir y trabajar en la UE. Este enfoque unifica procedimientos y refuerza la protección de los derechos de los trabajadores migrantes.

El Título XII se centra en disposiciones comunes, proporcionando claridad normativa en aspectos como la extinción de autorizaciones, el régimen competencial y los lugares de presentación de solicitudes. Estas medidas mejoran la seguridad jurídica para personas extranjeras y operadores jurídicos, públicos y privados. En cuanto a la documentación, regulada en el Título XIII, se introducen medidas relacionadas con la entrega de la tarjeta de identidad de extranjero, en consonancia con el retorno voluntario.

El Título XIV, dedicado a las infracciones en materia de extranjería, y el Título XV, que regula las Oficinas de Extranjería y Centros de Migraciones, refuerzan la estructura organizativa y funcional de la gestión migratoria. Estos títulos consolidan el marco sancionador y la dependencia orgánica de las oficinas, asegurando una aplicación uniforme de las disposiciones normativas.

Finalmente, las diecinueve disposiciones adicionales complementan el nuevo Reglamento de Extranjería abordando aspectos como la atribución de competencias, los plazos de resolución de procedimientos, el sistema de información migratoria y las tasas por tramitación. Estas disposiciones aseguran un enfoque integral y detallado para gestionar la migración en España.

El Real Decreto 1155/2024, que sustituye al Reglamento anterior aprobado por el Real Decreto 557/2011, entrará en vigor seis meses después de su publicación en el BOE (esto es, el próximo 20 de mayo de 2025). Este periodo transitorio permitirá a las autoridades, empleadores y personas extranjeras adaptarse a los cambios normativos, garantizando una implementación eficaz y ordenada.

1.1. Contexto migratorio en España

El contexto migratorio en España refleja las dinámicas complejas y multifacéticas de una sociedad en constante evolución. Con una población extranjera residente que roza los 7 millones, lo que representa aproximadamente el 14 % del total de habitantes, el fenómeno migratorio se ha consolidado como un componente estructural del país. Este flujo de personas, motivado por la búsqueda de oportunidades económicas, sociales y culturales, se alinea con tendencias globales de movilidad humana que España ha integrado progresivamente en sus políticas públicas. La presencia extranjera no solo enriquece la diversidad cultural del país, sino que también representa un motor económico y social de vital importancia.

En 2023, según datos del Observatorio Permanente de Inmigración (OPI), las oficinas consulares españolas expidieron más de 1.300.000 visados, destacando que el 84 % de ellos correspondieron a estancias de corta duración y el 16 % a visados de larga duración. Estas cifras evidencian la magnitud del fenómeno migratorio y subrayan la necesidad de un marco normativo sólido y actualizado para gestionar de manera eficiente la entrada, estancia y salida de personas extranjeras. La distribución de estos visados pone de manifiesto la importancia de garantizar que los procedimientos sean claros y accesibles, y que se enfoquen en promover la movilidad ordenada y regular.

A pesar de los avances normativos, la discriminación laboral y educativa sigue siendo un desafío persistente. Estudios recientes indican que estas desigualdades suponen una pérdida económica de 17.000 millones de euros anuales, lo que equivale al 1,3 % del Producto Interno Bruto (PIB) del país. Este impacto económico refleja no solo las barreras que enfrentan las personas migrantes en términos de acceso al empleo y la educación, sino también las oportunidades desaprovechadas en términos de capital humano y desarrollo social. Frente a esta situación, se destaca la importancia de políticas públicas que promuevan la igualdad de oportunidades, reduzcan las brechas estructurales y maximicen el potencial de la población migrante como un activo económico.

En el ámbito internacional, organismos como el Banco Mundial y la Comisión Europea advierten que España necesitará incorporar alrededor de 250.000 migrantes anualmente en las próximas décadas para sostener su estado de bienestar. Este requerimiento responde al envejecimiento progresivo de la población española, así como a la necesidad de garantizar un equilibrio intergeneracional que permita mantener el sistema de pensiones, la cobertura sanitaria y otros servicios públicos esenciales. En este contexto, la migración se presenta no solo como un desafío a gestionar, sino como una oportunidad estratégica para fortalecer la resiliencia económica y social del país.

El impacto de la población migrante en España no se limita al ámbito económico. Su contribución también es palpable en el enriquecimiento cultural y en la revitalización de comunidades rurales que enfrentan el despoblamiento. Las personas extranjeras desempeñan un papel crucial en sectores como la agricultura, la construcción, la hostelería y los cuidados, sectores esenciales que muchas veces enfrentan dificultades para atraer mano de obra local. A través de su participación activa en el mercado laboral, los migrantes no solo contribuyen al crecimiento económico, sino que también fortalecen el tejido social, promoviendo una convivencia más inclusiva y diversa.

El nuevo Reglamento de Extranjería responde a este complejo panorama al introducir disposiciones que buscan equilibrar la gestión de los flujos migratorios con la integración efectiva de las personas extranjeras. Este enfoque normativo reconoce la necesidad de garantizar derechos y oportunidades para la población migrante, al tiempo que refuerza los mecanismos de control y regulación. Por ejemplo, la inclusión de visados específicos para la búsqueda de empleo o la flexibilización de las autorizaciones de residencia temporal reflejan un compromiso con la integración laboral y social, fomentando una migración más ordenada y regular.

No obstante, el contexto migratorio español también enfrenta retos en términos de percepción pública y cohesión social. El aumento de los discursos de odio, especialmente en redes sociales, es una preocupación creciente. En 2023, el 48 % del contenido discriminatorio en estas plataformas tuvo como objetivo a las personas migrantes, exacerbando las tensiones sociales y dificultando los esfuerzos de integración. Este fenómeno subraya la necesidad de implementar estrategias educativas y comunicativas que fomenten el respeto, la empatía y la valoración de la diversidad como un valor fundamental.

Por otro lado, la contribución de las mujeres migrantes merece una atención especial, dado su papel central en sectores como los cuidados, donde su trabajo es indispensable para sostener la estructura social. Sin embargo, enfrentan barreras adicionales, como la vulnerabilidad a la explotación laboral y la falta de reconocimiento de sus derechos. El nuevo reglamento aborda estas cuestiones mediante disposiciones específicas, como la protección contra la violencia de género y el acceso a autorizaciones por circunstancias excepcionales, que buscan proporcionarles un marco de mayor seguridad y estabilidad.

En términos regionales, las dinámicas migratorias en España también se ven influenciadas por factores geopolíticos y económicos, como los flujos migratorios provenientes del norte de África y América Latina. Estas regiones, históricamente vinculadas a España, no solo comparten lazos culturales y lingüísticos, sino que también representan una fuente importante de personas migrantes. Los acuerdos bilaterales y las políticas de cooperación internacional desempeñan un papel crucial en la gestión de estos flujos, asegurando que la migración se lleve a cabo de manera ordenada y beneficiosa para ambas partes.

Además, no debemos olvidar que la situación de las personas refugiadas y solicitantes de asilo ha adquirido relevancia en los últimos años. España ha registrado un aumento significativo en las solicitudes de protección internacional, lo que ha llevado a reforzar los mecanismos de acogida y evaluación. A través de disposiciones como las autorizaciones por razones humanitarias y la colaboración con organismos internacionales, el país busca garantizar un trato digno y conforme a los estándares internacionales para quienes huyen de conflictos, persecuciones o desastres.

1.2. Objetivos del nuevo Reglamento de Extranjería

El Real Decreto 1155/2024 se presenta como una reforma normativa ambiciosa, diseñada para abordar de manera integral los retos que plantea la gestión migratoria en España. Su objetivo principal es adaptar el marco jurídico de extranjería a las necesidades actuales de la sociedad española, a la evolución de las dinámicas globales y al cumplimiento de los compromisos internacionales, especialmente aquellos derivados de la pertenencia de España a la UE. Este nuevo Reglamento de Extranjería, compuesto por una serie de disposiciones y medidas detalladas, se centra en modernizar los procedimientos administrativos, reforzar los derechos de las personas extranjeras y fomentar su integración social y económica, mientras se promueve una migración ordenada y segura.

Uno de los pilares fundamentales del reglamento es la simplificación administrativa, que busca eliminar trámites innecesarios y duplicidades en los procedimientos migratorios. Este enfoque responde a la necesidad de agilizar la gestión de autorizaciones de residencia y trabajo, reduciendo los tiempos de espera y aumentando la eficiencia de los procesos. La reforma introduce medidas concretas, como la digitalización de trámites y la clarificación de competencias entre oficinas consulares y extranjería, permitiendo que cada institución se enfoque en aspectos específicos de las solicitudes. Por ejemplo, las oficinas consulares evalúan los requisitos generales de los visados, mientras que las oficinas de extranjería se encargan de las condiciones particulares. Este reparto de funciones no solo mejora la eficiencia, sino que también garantiza una mayor transparencia y seguridad jurídica para las personas extranjeras.

En cuanto a la alineación con la UE, el reglamento incorpora disposiciones que garantizan la coherencia normativa con directivas europeas clave, como la Directiva 2016/801/UE sobre requisitos de entrada y residencia con fines educativos, y la Directiva 2014/36/UE sobre condiciones laborales para trabajadores temporeros. Asimismo, se refuerza el cumplimiento del Código de Fronteras Schengen, asegurando que las medidas adoptadas en España estén plenamente armonizadas con las políticas comunitarias. Este enfoque no solo fortalece la cooperación entre los Estados miembros, sino que también posiciona a España como un actor clave en la gestión de los flujos migratorios dentro de la región.

La reforma también prioriza la seguridad jurídica, buscando proporcionar un marco claro y estable tanto para las personas extranjeras como para los operadores jurídicos, empresas y administraciones públicas que participan en la gestión migratoria. Se han definido con mayor precisión las figuras legales, como las autorizaciones por arraigo, las condiciones de residencia temporal y larga duración, y las autorizaciones por razones humanitarias. Este nivel de detalle minimiza la incertidumbre y facilita la aplicación uniforme de las normas en todo el territorio nacional.

En línea con los principios de los derechos humanos, el nuevo Reglamento de Extranjería refuerza la protección de las personas extranjeras a través de medidas destinadas a garantizar su acceso a servicios esenciales como la salud, la educación y el trabajo digno. Se han introducido disposiciones específicas para proteger a colectivos vulnerables, como mujeres víctimas de violencia de género y sexual, y para ampliar los derechos de reagrupación familiar. Estas medidas no solo garantizan el respeto por los derechos fundamentales de las personas extranjeras, sino que también fomentan su integración social y emocional, promoviendo la cohesión en la sociedad española.

Un aspecto innovador de la reforma es la introducción de nuevas figuras, como el arraigo de segunda oportunidad, que permite a personas extranjeras que han perdido su autorización de residencia acceder nuevamente a un estatus regular. Este tipo de arraigo se suma a otras categorías, como el arraigo social, sociolaboral y socio formativo, que han sido revisadas y ampliadas para facilitar la regularización y la incorporación de las personas extranjeras al mercado laboral. Además, el reglamento reduce los plazos de permanencia exigidos para acceder a estas autorizaciones, pasando de tres a dos años, salvo en el caso del arraigo familiar, que no requiere un periodo mínimo de residencia.

Otra medida destacada es la creación de visados específicos para la búsqueda de empleo, que permite a personas extranjeras residir en España durante un máximo de 12 meses mientras buscan oportunidades laborales. Este visado, diseñado para atraer talento extranjero en sectores estratégicos, ofrece una vía legal y estructurada para la incorporación de personas extranjeras al mercado laboral, sin necesidad de abandonar el país al cambiar a una autorización de residencia y trabajo. Este enfoque no solo promueve la migración regular, sino que también contribuye a cubrir las necesidades de empleo en sectores deficitarios, fomentando la competitividad empresarial y la sostenibilidad económica.

El nuevo Reglamento de Extranjería también presta especial atención a la integración social y económica de las personas extranjeras, promoviendo programas y medidas que faciliten su incorporación plena a la sociedad española. Esto incluye el reconocimiento de títulos académicos y profesionales obtenidos en el extranjero, el acceso a formación y capacitación, y la flexibilización de las condiciones para combinar trabajo por cuenta propia y ajena. Estas disposiciones buscan maximizar el potencial de las personas extranjeras como agentes activos en el desarrollo económico y social del país, al tiempo que se reducen las barreras estructurales que perpetúan la exclusión y la desigualdad.

Por último, el nuevo Reglamento de Extranjería refuerza la colaboración entre España y los países de origen de las personas migrantes, fomentando acuerdos bilaterales que faciliten la contratación en origen y la movilidad segura. Este enfoque permite gestionar de manera eficiente los flujos migratorios, asegurando que las personas extranjeras cuenten con garantías desde el inicio de su proceso migratorio y promoviendo el desarrollo conjunto entre los países involucrados.

1.3. Marco normativo previo

El marco normativo previo al Real Decreto 1155/2024 se sustenta en la Ley Orgánica 4/2000, de 11 de enero, que regula los derechos y libertades de las personas extranjeras en España y su integración social. Esta Ley, aprobada en un contexto en el que la migración se consolidaba como un fenómeno estructural en el país, sentó las bases para una política migratoria integral que buscaba equilibrar la gestión de flujos migratorios con el respeto a los derechos fundamentales. A lo largo de más de dos décadas, la ley ha sido objeto de múltiples reformas, reflejando la evolución de las necesidades sociales, económicas y políticas tanto a nivel nacional como internacional.

El primer gran desarrollo normativo de esta Ley llegó con el Real Decreto 557/2011, que aprobó el reglamento para su aplicación. Este texto marcó un punto de inflexión al consolidar un marco jurídico integral, estructurado en torno a figuras clave como la reagrupación familiar, las autorizaciones de trabajo y las residencias por circunstancias excepcionales. El citado Reglamento no solo introdujo criterios claros para la tramitación de permisos y autorizaciones, sino que también abordó cuestiones específicas como el acceso de las personas extranjeras a derechos sociales, su integración laboral y las condiciones de estancia. En su momento, representó una herramienta normativa avanzada para garantizar una gestión migratoria coherente, adaptada al contexto de la época. Sin embargo, las dinámicas migratorias en constante cambio, junto con las demandas sociales y los compromisos internacionales, hicieron necesarias varias actualizaciones del marco normativo en años posteriores. Entre las reformas más destacadas se encuentran las siguientes:

– **Modificaciones en 2018:**

Este año se introdujeron cambios significativos para cumplir con la Directiva Europea 2016/801, que regula la entrada y residencia de nacionales de terceros países con fines de estudios, intercambio de alumnos, prácticas, voluntariado o formación profesional. Estas modificaciones facilitaron la movilidad académica dentro de la UE, ampliando las oportunidades para estudiantes extranjeros y promoviendo la internacionalización del sistema educativo español.

– **Reformas de 2021:**

En este año se adoptaron medidas específicas para reforzar la protección de menores extranjeros, especialmente los no acompañados. Estas reformas buscaron garantizar su bienestar mediante la actualización de los procedimientos relacionados con su acogida, regularización y acceso a derechos básicos como la educación y la sanidad. El objetivo fue alinear el marco normativo con los estándares internacionales de derechos del niño.

– **Incorporación del Arraigo por Formación en 2022:**

Una de las innovaciones más recientes fue la creación de la figura del arraigo por formación, diseñada para facilitar la regularización de personas extranjeras que estuvieran cursando estudios en España. Esta medida, introducida en un contexto de creciente demanda de cualificación laboral, permitió que las personas en situación irregular pudieran acceder a una residencia temporal mientras completaban su formación. Este enfoque no solo promovió la integración laboral, sino que también respondió a las necesidades del mercado de trabajo en sectores clave.

A pesar de estos avances, el contexto migratorio contemporáneo exigía una revisión más amplia y coordinada de la normativa. La creciente diversidad de situaciones migratorias, derivada de factores como el aumento de los flujos internacionales, las tensiones geopolíticas y el impacto de la pandemia de COVID-19, subrayó las limitaciones del marco jurídico anterior. En particular, se identificaron desafíos relacionados con la complejidad de los trámites administrativos, las barreras para la integración socioeconómica de las personas extranjeras y la falta de flexibilidad en la respuesta a emergencias humanitarias.

El Real Decreto 1155/2024 surge como respuesta a estas necesidades, integrando las reformas previas y estableciendo un marco normativo actualizado, adaptado a las realidades del siglo XXI. Este nuevo reglamento tiene como objetivo principal modernizar la gestión migratoria en España, abordando tanto las necesidades inmediatas como los retos estructurales. Entre sus prioridades destacan la simplificación administrativa, la coherencia con las directivas europeas, la seguridad jurídica y el fortalecimiento de la integración social y económica de las personas extranjeras.

La simplificación administrativa es uno de los pilares fundamentales del nuevo reglamento. A lo largo de los años, los trámites para la obtención de permisos de residencia y trabajo habían sido objeto de críticas por su complejidad y lentitud, lo que generaba incertidumbre tanto para las personas extranjeras como para las empresas que dependían de su talento. El Real Decreto 1155/2024 introduce medidas destinadas a reducir estas barreras, como la digitalización de los procedimientos, la eliminación de duplicidades y la clarificación de competencias entre las diferentes administraciones implicadas. Estas reformas no solo agilizan los procesos, sino que también refuerzan la transparencia y la confianza en el sistema.

Otro aspecto central del nuevo Reglamento de Extranjería es su alineación con el marco normativo de la UE. A lo largo de los años, España ha trabajado para incorporar directivas europeas en su legislación nacional, garantizando la coherencia normativa con el resto de los Estados miembros. El Real Decreto 1155/2024 refuerza este compromiso mediante la incorporación de disposiciones que armonizan la normativa española con el Código de Fronteras Schengen y otras directivas clave, como las que regulan las condiciones de entrada y residencia de nacionales de terceros países para fines laborales y educativos. Esta alineación no solo fortalece la cooperación con la UE, sino que también posiciona a España como un modelo en la implementación de políticas migratorias integrales.

El nuevo Reglamento de Extranjería también presta especial atención a la protección de los derechos humanos, un aspecto que ha sido una constante en la normativa española sobre extranjería. Desde su aprobación en el año 2000, la Ley Orgánica 4/2000 ha sido reconocida por su enfoque humanitario y su compromiso con el respeto a los derechos fundamentales. El Real Decreto 1155/2024 refuerza esta tradición mediante la ampliación de derechos en áreas como la reagrupación familiar, el acceso a la educación y la protección de colectivos vulnerables, como víctimas de violencia de género y trata de seres humanos.

Por último, el nuevo Reglamento de Extranjería promueve la integración social y económica de las personas extranjeras como una prioridad estratégica. Esto incluye la introducción de medidas innovadoras, como el visado de búsqueda de empleo y el arraigo de segunda oportunidad, diseñadas para facilitar la regularización y la incorporación de talento extranjero al mercado laboral. Además, el reglamento flexibiliza las condiciones para combinar trabajo por cuenta propia y ajena, fomentando la participación activa de las personas extranjeras en la economía española.

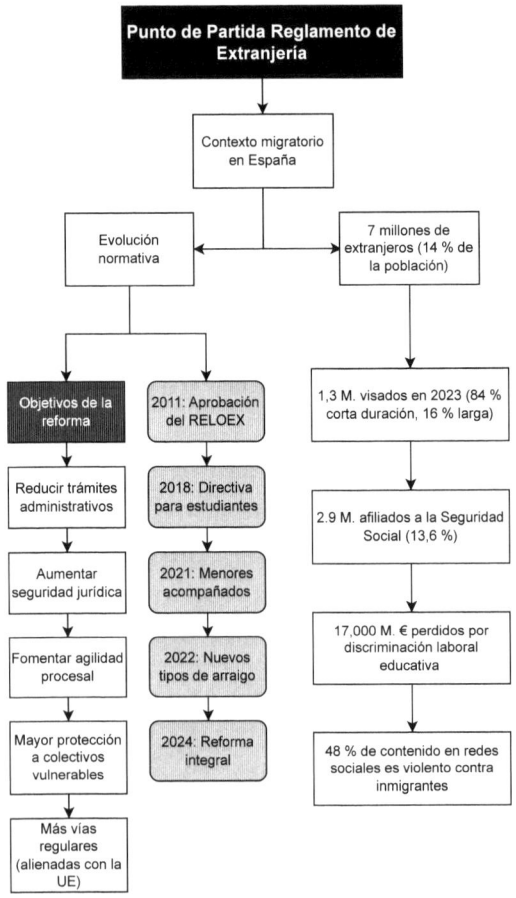

Fuente: elaboración propia, a partir del Real Decreto 1155/2024

2

PRINCIPALES REFORMAS INTRODUCIDAS

El **Real Decreto 1155/2024** incorpora una serie de reformas estructurales y normativas que tienen como objetivo responder a los desafíos actuales del fenómeno migratorio en España. Estas reformas buscan equilibrar la gestión eficiente de la inmigración con la protección de los derechos fundamentales de las personas extranjeras. A continuación, se detallan las principales áreas de cambio:

2.1. Simplificación administrativa y reducción de trámites

El Real Decreto 1155/2024 establece como uno de sus objetivos fundamentales la simplificación administrativa y la reducción de trámites, con el fin de abordar la complejidad burocrática inherente a los procedimientos de extranjería en España. Esta reforma introduce un enfoque renovado para racionalizar y agilizar los procesos, beneficiando tanto a las personas extranjeras como a los operadores jurídicos, empresas y administraciones públicas involucradas en la gestión migratoria. El marco normativo prioriza la eficiencia, la accesibilidad y la transparencia, promoviendo un sistema más moderno y eficaz que responde a las demandas contemporáneas.

Una de las medidas clave del nuevo Reglamento de Extranjería es la eliminación de duplicidades y procesos innecesarios. Hasta ahora, los procedimientos requerían que las personas extranjeras presentaran documentación repetida en distintas etapas, generando retrasos innecesarios y aumentando la carga administrativa tanto para los solicitantes como para las oficinas de extranjería. Con la nueva normativa, se establece un sistema que permite reutilizar la documentación validada en etapas anteriores del proceso, siempre que no se hayan producido cambios en las circunstancias personales o laborales del solicitante. Este enfoque no solo reduce los tiempos de gestión, sino que también alivia la carga para los operadores encargados de tramitar las solicitudes.

Asimismo, se eliminan trámites obsoletos que ya no son necesarios para garantizar la seguridad jurídica o la integridad de los procesos. Un ejemplo destacado es la simplificación de los requisitos para la renovación de autorizaciones de residencia y trabajo, especialmente para aquellas personas extranjeras que cumplen con las condiciones básicas de empleo y residencia en España. Estas reformas aseguran que los procedimientos sean más ágiles y estén mejor adaptados a las realidades de las personas extranjeras, al tiempo que refuerzan la confianza en el sistema por parte de los empleadores y las comunidades de acogida.

El nuevo Reglamento de Extranjería también establece plazos claros y predecibles para la resolución de solicitudes, una innovación fundamental para reducir la incertidumbre que ha caracterizado históricamente los trámites migratorios. Anteriormente, la ausencia de plazos definidos daba lugar a largas esperas y situaciones de estrés para las personas extranjeras, quienes a menudo no podían planificar su vida personal o profesional debido a la falta de respuesta por parte de las administraciones. Con la nueva normativa, las oficinas de extranjería están obligadas a resolver las solicitudes dentro de plazos razonables y establecidos, mejorando significativamente la experiencia de los usuarios y aumentando la predictibilidad del sistema.

Un aspecto central de la reforma es la digitalización de los procedimientos administrativos, que busca transformar la gestión migratoria mediante el uso de herramientas tecnológicas avanzadas. Este proceso incluye la posibilidad de presentar solicitudes y documentación de manera telemática, reduciendo la necesidad de desplazamientos físicos y el uso de papeleo tradicional. Las personas extranjeras y los empleadores pueden ahora realizar consultas, cargar documentos y recibir notificaciones electrónicas sobre el estado de las solicitudes a través de plataformas digitales seguras, lo que optimiza los tiempos y facilita la comunicación entre las partes involucradas.

La digitalización también se extiende a la interoperabilidad entre las administraciones públicas implicadas en la gestión migratoria. Gracias a este enfoque, las distintas oficinas de extranjería, consulados y otras entidades pueden compartir información de manera más eficiente, evitando redundancias en la verificación de datos y agilizando el flujo interno de trabajo. Este modelo interconectado permite una mayor coherencia y eficacia en la gestión de los trámites, fortaleciendo la confianza en el sistema por parte de las personas usuarias.

Otra medida innovadora del nuevo Reglamento de Extranjería es la unificación de criterios entre oficinas de extranjería, un paso fundamental para garantizar una aplicación uniforme de la normativa en todo el territorio español. En el pasado, las disparidades en la interpretación y resolución de solicitudes entre diferentes oficinas generaban inconsistencias y desigualdades que complicaban el proceso para las personas extranjeras. Con la introducción de criterios armonizados, el decreto asegura que las decisiones administrativas sean coherentes y justas, independientemente de la ubicación geográfica de la oficina encargada del caso. Esto no solo mejora la experiencia de los solicitantes, sino que también refuerza la percepción de imparcialidad y profesionalismo del sistema.

La simplificación administrativa también tiene un impacto directo en los empleadores que gestionan contrataciones internacionales. Los procedimientos más ágiles y claros reducen los costes y el tiempo necesario para cumplir con las normativas migratorias, facilitando la incorporación de talento extranjero al mercado laboral español. Este enfoque beneficia especialmente a sectores estratégicos como la tecnología, la salud, la agricultura y la construcción, donde la demanda de trabajadores cualificados y temporales es elevada. Al reducir las barreras burocráticas, el nuevo Reglamento de Extranjería fomenta la competitividad empresarial y fortalece la capacidad de España para atraer y retener talento global.

Además de los beneficios para los empleadores, estas medidas contribuyen significativamente a la experiencia de las personas extranjeras que interactúan con el sistema de extranjería en España. La eliminación de trámites innecesarios, la digitalización de procesos y la unificación de criterios ofrecen un entorno más accesible y amigable para quienes buscan establecerse, trabajar o estudiar en el país. Este enfoque mejora la percepción del sistema migratorio español y lo posiciona como un modelo de gestión eficiente y transparente en el contexto europeo.

2.2. Alineación con la normativa de la UE

El Real Decreto 1155/2024 se configura como un paso esencial para alinear el marco jurídico español con las disposiciones normativas y directrices de la UE (UE), un requisito fundamental para garantizar la coherencia legislativa y fortalecer la cooperación en la gestión migratoria dentro del espacio comunitario. Esta alineación normativa no solo asegura el cumplimiento de los compromisos adquiridos por España como Estado miembro, sino que también refuerza la integración de sus políticas migratorias en el contexto europeo, consolidando a España como un referente en la implementación de estrategias coherentes y adaptadas a las exigencias del siglo XXI.

Una de las adaptaciones más significativas en el nuevo Reglamento de Extranjería es la armonización con el Código de Fronteras Schengen, un instrumento clave para regular la movilidad en el espacio europeo. En este sentido, el nuevo Reglamento de Extranjería sustituye el concepto de «puesto fronterizo» por «paso fronterizo», adoptando así la terminología oficial utilizada en el marco comunitario. Este cambio no es meramente semántico, sino que implica un compromiso más profundo con las disposiciones del código, que establece estándares claros para la gestión de las fronteras exteriores de la UE. Además, se introducen requisitos adicionales de control y verificación en las fronteras, que fortalecen la seguridad y garantizan una entrada y salida ordenada del territorio español, en consonancia con las medidas de cooperación e intercambio de información entre los Estados miembros.

La transposición de directivas europeas constituye otro pilar fundamental de este proceso de alineación normativa. El reglamento incorpora disposiciones de la Directiva 2016/801/UE, que regula la entrada y residencia de nacionales de terceros países para fines de investigación, estudios, voluntariado y prácticas formativas. Esta directiva tiene como objetivo fomentar la movilidad de estudiantes, investigadores y otros perfiles dentro de la UE, estableciendo categorías específicas de visados que facilitan su integración en los sistemas educativos y laborales de los Estados miembros. El nuevo Reglamento de Extranjería, en este marco, introduce mejoras significativas, como la creación de un Registro de Instituciones y Centros de Enseñanza Superior que garantiza la transparencia y la calidad en las entidades que reciben a personas extranjeras bajo estas modalidades, asegurando que cumplan con los estándares europeos.

Asimismo, el nuevo Reglamento de Extranjería transfiere al ordenamiento jurídico español elementos clave de la Directiva (UE) 2021/1883, que amplía los derechos de los titulares de la Tarjeta Azul-UE. Esta figura, destinada a trabajadores altamente cualificados de terceros países, mejora su movilidad dentro del espacio europeo al permitirles trasladarse entre Estados miembros con mayor facilidad. España, como parte de este esfuerzo, regula ahora con mayor claridad los procedimientos para la acumulación de periodos de residencia legal en distintos países de la Unión, asegurando que estos trabajadores puedan acceder a permisos de larga duración o a derechos ampliados en función de su experiencia profesional en Europa. Esta medida no solo refuerza el atractivo de la UE como destino para talento global, sino que también posiciona a España como un país competitivo en la captación de profesionales cualificados en sectores estratégicos.

El nuevo Reglamento de Extranjería también destaca por su enfoque en el fortalecimiento de los canales de migración regular, alineándose con los estándares europeos que promueven vías legales y estructuradas para la movilidad internacional. En este contexto, se regula de manera más detallada el procedimiento para las contrataciones en origen, tanto a nivel individual como colectivo. Esta regulación, basada en principios de seguridad jurídica y transparencia, establece garantías adicionales para las personas trabajadoras que ingresan al territorio español bajo estas modalidades. Por ejemplo, se exige que las ofertas de empleo cumplan con las condiciones laborales establecidas por la normativa española, garantizando la igualdad de trato y la protección contra abusos. Este enfoque se extiende también a los trabajadores temporales, quienes ahora cuentan con un marco más robusto que asegura derechos básicos, como acceso a vivienda adecuada proporcionada por el empleador, y condiciones de trabajo justas.

Otro aspecto innovador del nuevo Reglamento de Extranjería es la regulación de los visados específicos para la búsqueda de empleo, una medida alineada con los principios de flexibilidad y accesibilidad que promueve la UE en sus políticas migratorias. Estos visados permiten a las personas extranjeras residir en España durante un periodo determinado mientras buscan oportunidades laborales, con la posibilidad de convertir este visado en una autorización de residencia y trabajo sin necesidad de abandonar el país. Este modelo no solo fomenta la migración regular y ordenada, sino que también contribuye a cubrir déficits de mano de obra en sectores clave, alineándose con las recomendaciones europeas sobre movilidad laboral.

El alineamiento normativo con la UE también refuerza el enfoque cooperativo entre los Estados miembros, mejorando la capacidad de España para participar en iniciativas conjuntas, como el intercambio de información a través de sistemas como el SIS (Sistema de Información de Schengen) y la colaboración en la gestión de emergencias migratorias. Este esfuerzo conjunto resulta esencial para abordar desafíos comunes, como la lucha contra la migración irregular y el tráfico de personas, y para garantizar que las fronteras exteriores de la UE operen de manera eficaz y segura.

En el ámbito educativo y de formación, el reglamento subraya la importancia de promover la movilidad de estudiantes y personal académico de terceros países, en línea con los objetivos de programas como Erasmus+ y el Espacio Europeo de Educación Superior. La regulación introducida por el nuevo Reglamento de Extranjería facilita la llegada de personas extranjeras interesadas en cursar estudios superiores o participar en proyectos de investigación, fomentando así la internacionalización de las instituciones educativas españolas y su integración en redes de excelencia académica a nivel europeo.

2.3. Fortalecimiento de los derechos de las personas extranjeras

El Real Decreto 1155/2024 refuerza de manera significativa los derechos de las personas extranjeras que residen y trabajan en España, consolidando un enfoque integral basado en la igualdad de oportunidades, la cohesión social y la garantía de sus derechos fundamentales. Este fortalecimiento de derechos no solo responde a las necesidades contemporáneas de la población migrante, sino que también posiciona a España como un referente en la protección de las personas extranjeras dentro del marco europeo. Las medidas incluidas en el reglamento abarcan ámbitos clave como el trabajo, la protección social, el reconocimiento de diversas situaciones migratorias y la seguridad jurídica, configurando un sistema más inclusivo y adaptado a las realidades actuales.

En primer lugar, el nuevo Reglamento de Extranjería introduce importantes avances en la ampliación de los derechos laborales de las personas extranjeras. Una de las medidas más destacadas es que todas las autorizaciones de residencia temporal incluirán automáticamente el derecho a trabajar desde el primer día, eliminando la necesidad de trámites adicionales para obtener permisos laborales. Este cambio supone una mejora significativa tanto para las personas extranjeras como para los empleadores, ya que reduce barreras administrativas y facilita una integración más rápida en el mercado laboral español. Además, el nuevo RLOEx refuerza la estabilidad laboral al establecer condiciones más favorables para la renovación de permisos y fomentar la movilidad laboral entre sectores y empleadores. Este enfoque permite que las personas extranjeras accedan a oportunidades laborales que se ajusten mejor a sus habilidades y necesidades, al tiempo que asegura que sus derechos laborales sean respetados y protegidos.

Otro ámbito crucial es el de la protección social y el acceso a servicios esenciales, donde el reglamento amplía los derechos de las personas extranjeras para garantizar su bienestar y el de sus familias. Por ejemplo, se facilita la reagrupación familiar mediante la ampliación de los criterios de elegibilidad, permitiendo que cónyuges no casados, parejas de hecho y familiares ascendientes o descendientes hasta los 26 años puedan beneficiarse de esta figura. Esta medida responde a la necesidad de promover la unidad familiar como un factor clave para la integración social y emocional de las personas extranjeras. Asimismo, se otorgan derechos específicos a personas en situación de vulnerabilidad, como víctimas de violencia de género, violencia sexual o trata de seres humanos. Estas personas tendrán acceso a autorizaciones de residencia específicas y a servicios de protección que incluyen asistencia jurídica, apoyo psicológico y programas de reintegración social. Estas disposiciones reflejan un compromiso firme con los derechos humanos y con la creación de un entorno seguro y digno para quienes han enfrentado situaciones traumáticas.

El nuevo Reglamento de Extranjería también aborda de manera innovadora el reconocimiento de la diversidad de situaciones migratorias, introduciendo nuevas figuras que amplían las oportunidades de regularización. Una de estas figuras es el «arraigo de segunda oportunidad», diseñado para personas extranjeras que hayan perdido su autorización de residencia por circunstancias excepcionales, como la pérdida del empleo o cambios en su situación personal. Este tipo de arraigo permite que estas personas se reintegren al sistema legal y continúen contribuyendo a la sociedad española. Asimismo, se amplían las categorías de arraigo para incluir situaciones socio laborales y socio formativas. El arraigo sociolaboral permite regularizar la situación de personas extranjeras que ya están trabajando en condiciones legales, mientras que el arraigo socio formativo facilita la integración de quienes están cursando estudios o formación profesional. Estas medidas no solo promueven la regularización, sino que también fomentan la participación activa de las personas extranjeras en el desarrollo social y económico del país.

La protección jurídica es otro eje fundamental del nuevo Reglamento de Extranjería, que introduce mecanismos claros y accesibles para garantizar los derechos fundamentales de las personas extranjeras en todas las etapas de los procedimientos administrativos. Estos mecanismos incluyen procedimientos más transparentes para la resolución de conflictos derivados de trámites de extranjería y la posibilidad de recurrir decisiones que puedan vulnerar los derechos de las personas extranjeras. El objetivo es asegurar que estas personas puedan acceder a una justicia efectiva y que se respeten sus garantías procesales en todo momento. Además, se establece una mayor coordinación entre las distintas oficinas de extranjería y otros organismos relacionados, lo que contribuye a evitar errores administrativos y discrepancias en la aplicación de la normativa.

Entre las reformas más innovadoras, el nuevo Reglamento de Extranjería también refuerza la igualdad de oportunidades para las personas extranjeras al reducir las barreras estructurales que históricamente han dificultado su integración plena en la sociedad española. Estas barreras incluyen la falta de reconocimiento de sus cualificaciones profesionales, la discriminación en el acceso al empleo y la vivienda, y las dificultades para acceder a servicios públicos. Las disposiciones incluidas en el nuevo Reglamento de Extranjería buscan eliminar estas barreras mediante programas de formación, reconocimiento de títulos extranjeros y campañas de sensibilización destinadas a promover la diversidad y la inclusión.

La implementación de estas medidas tiene un impacto directo no solo en la población extranjera, sino también en la sociedad española en su conjunto. Al garantizar los derechos laborales, sociales y jurídicos de las personas extranjeras, el nuevo RLOEx contribuye a la creación de un entorno más inclusivo y cohesionado, donde todas las personas, independientemente de su origen, puedan participar plenamente en la vida económica y social del país. Además, estas reformas refuerzan la competitividad de España como destino para talento global, atrayendo a trabajadores cualificados y promoviendo la sostenibilidad de sectores clave como la tecnología, la salud y la agricultura.

3

RÉGIMEN DE ENTRADA Y SALIDA

El **Real Decreto 1155/2024** establece un marco normativo detallado para regular la entrada y salida del territorio español, alineándose con los estándares europeos e internacionales. Estas disposiciones buscan garantizar una gestión ordenada y segura de los flujos migratorios, promoviendo al mismo tiempo la protección de los derechos fundamentales de las personas extranjeras.

3.1. Requisitos para la entrada y salida

El Real Decreto 1155/2024 establece requisitos claros y específicos para regular la entrada y salida de personas extranjeras del territorio español. Estas disposiciones, alineadas con la normativa europea, buscan garantizar el cumplimiento de las leyes migratorias, mantener la seguridad nacional y fomentar una gestión eficiente de los flujos migratorios.

1. Documentación obligatoria:

El cumplimiento de la normativa sobre documentación es un pilar fundamental para ingresar al territorio español. Las personas extranjeras deben contar con lo siguiente:

– **Pasaporte o Documento de viaje:**

Todo viajero extranjero debe presentar un pasaporte válido o un documento de viaje equivalente que cumpla con los tratados internacionales aplicables. Este documento debe estar vigente durante todo el periodo de estancia previsto y, en algunos casos, por un periodo adicional tras su salida del país.

– **Visado válido:**

Dependiendo de la nacionalidad y el propósito del viaje, puede ser necesario un visado válido que permita la entrada, estancia o tránsito en el territorio español. Los visados están sujetos a verificaciones consulares que aseguran que el solicitante cumple con los requisitos establecidos por la legislación española y europea.

– La falta de cualquiera de estos documentos puede dar lugar a la denegación de la entrada al territorio español, incluso si otros requisitos están en regla.

2. Pruebas de medios de subsistencia:

Las personas extranjeras deben demostrar que cuentan con los recursos económicos necesarios para cubrir los gastos de su estancia en España. Este requisito se establece para garantizar que los visitantes no se conviertan en una carga para el sistema público.

– **Evidencia financiera:**

Los medios económicos pueden acreditarse mediante efectivo, tarjetas de crédito válidas, cheques de viaje o certificados bancarios. La cantidad mínima requerida depende de la duración de la estancia y el número de personas incluidas en el viaje. Las autoridades consulares y de frontera determinan el nivel de recursos necesarios, basándose en indicadores económicos nacionales actualizados.

– **Garantía de retorno o continuación del viaje:**

Además de cubrir la estancia en España, los visitantes deben demostrar que tienen los recursos necesarios para regresar a su país de origen o continuar hacia su destino final. En el caso de viajes en grupo o con terceros responsables, el cumplimiento de este requisito puede gestionarse de manera conjunta.

3. Cumplimiento de requisitos sanitarios:

La salud pública es un factor clave en la regulación migratoria. España, en línea con las recomendaciones internacionales y las normativas europeas, establece ciertas obligaciones sanitarias para los viajeros:

– **Certificados de vacunación:**

En algunos casos, se exige la presentación de certificados de vacunación contra enfermedades específicas, especialmente si el viajero proviene de regiones donde existen riesgos epidemiológicos.

– **Pruebas sanitarias adicionales:**

Dependiendo de las circunstancias globales, como pandemias o brotes de enfermedades, las autoridades pueden requerir pruebas de detección de enfermedades, cuarentenas o la presentación de formularios de localización de pasajeros. Estas medidas se aplican para proteger la salud de la población y evitar la propagación de enfermedades infecciosas.

4. Prohibición de entrada:

El nuevo Reglamento de Extranjería refuerza las medidas que prohíben la entrada de personas extranjeras en casos específicos. Estas disposiciones tienen como objetivo garantizar la seguridad nacional, el orden público y la estabilidad de las relaciones internacionales:

– **Amenaza para el orden público o la seguridad nacional**:

  Se denegará la entrada a personas que representen un riesgo para el orden público, la seguridad nacional o la estabilidad política de España. Este criterio se aplica especialmente en casos de antecedentes criminales, vínculos con actividades ilícitas o pertenencia a organizaciones que amenacen la seguridad.

– **Relaciones internacionales**:

  La entrada también puede denegarse a personas cuya presencia en España pueda generar tensiones diplomáticas o conflictos internacionales, en línea con las directrices de la política exterior española y europea.

– **Cumplimiento de listados internacionales**:

  España colabora con organismos internacionales y europeos, como Interpol y Frontex, para identificar y denegar la entrada a personas incluidas en listados internacionales de vigilancia.

– Se denegará la entrada a aquellas personas que sean consideradas una amenaza para el orden público, la seguridad nacional o las relaciones internacionales de España, de conformidad con la normativa europea y nacional.

El nuevo Reglamento de Extranjería establece disposiciones claras para regular la salida de personas extranjeras del territorio, subrayando la importancia de respetar los plazos y las condiciones de estancia autorizadas.

1. Plazos de estancia:

Las personas extranjeras deben abandonar el territorio español antes de que expire el periodo autorizado por su visado o permiso de residencia. El incumplimiento de este plazo puede dar lugar a sanciones administrativas y afectar futuras solicitudes de entrada.

2. **Tránsito seguro:**

En el caso de conexiones hacia terceros países, las autoridades garantizan que las personas extranjeras puedan salir del territorio de manera segura y conforme a las normativas internacionales aplicables.

3. **Evitar situaciones de irregularidad migratoria:**

El reglamento enfatiza la importancia de prevenir situaciones de irregularidad, promoviendo vías legales para la renovación o modificación de permisos cuando las circunstancias lo justifiquen. Esto incluye mecanismos para regularizar la situación de quienes enfrenten dificultades para abandonar el territorio.

3.2. Visados y condiciones de expedición

El **Real Decreto 1155/2024** establece un marco claro y detallado para las tipologías de visados disponibles en España, así como los procedimientos específicos para su expedición. Estas disposiciones tienen como objetivo principal simplificar y agilizar los trámites, garantizando transparencia y accesibilidad para las personas extranjeras que deseen ingresar o permanecer en el país.

1. Visados de tránsito

Los visados de tránsito están diseñados para personas extranjeras que necesiten cruzar el territorio español en su ruta hacia un tercer país. Este tipo de visado es particularmente relevante para aquellos que utilizan aeropuertos españoles como puntos de conexión.

– **Características principales**:

» Permiten exclusivamente el tránsito por un aeropuerto español sin entrar en el territorio nacional.

» Están sujetos a requisitos específicos, como la justificación del destino final, un billete confirmado y medios económicos suficientes para continuar el viaje.

– **Requisitos a**:

» Las autoridades consulares pueden solicitar documentación adicional, como comprobantes de alojamiento en el destino final o garantías de entrada en el país de destino. Esto asegura que el tránsito se realiza de manera segura y conforme a la normativa (BOE-A-2024-24099).

2. Visados de estancia de corta duración

Estos visados son los más comunes y permiten estancias breves en España por diversas razones, como turismo, visitas familiares o actividades profesionales.

– **Aplicaciones**:

» Estancias de hasta 90 días dentro de un periodo de 180 días.

» Incluyen actividades turísticas, asistencia a conferencias, reuniones de negocios, visitas a familiares o tratamientos médicos.

– **Prórrogas**:

» En circunstancias excepcionales, como emergencias médicas o problemas legales que impidan el retorno, es posible solicitar una prórroga. Esta se otorga bajo criterios claramente definidos por las autoridades migratorias, garantizando el cumplimiento de las normas.

3. Visados de larga duración

Esta categoría está dirigida a personas extranjeras que planean permanecer en España por más de 90 días con fines específicos, como trabajo, estudios o reagrupación familiar.

– **Subcategorías:**

» **Trabajo**: visados para personas contratadas por empleadores españoles o para quienes deseen emprender actividades económicas por cuenta propia.

» **Estudios**: dirigidos a estudiantes de programas académicos superiores o actividades de formación profesional en instituciones reconocidas.

» **Reagrupación Familiar**: permiten la residencia de familiares directos de residentes legales en España.

– **Ventajas de la Categoría:**

» Incluyen derechos adicionales, como acceso a servicios públicos y la posibilidad de renovación sin necesidad de abandonar el país. Esto fomenta la estabilidad y facilita la integración de las personas extranjeras.

Procedimientos para la Expedición de Visados:

El nuevo Reglamento de Extranjería establece una división clara de responsabilidades entre las oficinas consulares y las oficinas de extranjería, con el objetivo de garantizar eficiencia y coherencia en la tramitación de visados:

1. Oficinas Consulares:

– Son responsables de evaluar el cumplimiento de los requisitos generales, como la documentación básica, los medios de subsistencia y los certificados sanitarios.

– Su función es garantizar que las solicitudes cumplan con los estándares iniciales antes de ser remitidas a las autoridades nacionales para su evaluación final.

2. Oficinas de Extranjería:

– Evalúan las condiciones específicas de cada solicitud, dependiendo del tipo de visado. Por ejemplo, verifican los contratos de trabajo para visados laborales o la admisión en instituciones reconocidas para visados de estudios.

– También gestionan los procedimientos de renovación o conversión de visados en autorizaciones de residencia y trabajo.

3.3. Cierre y habilitación de pasos fronterizos

El Real Decreto 1155/2024 introduce modificaciones clave en la gestión de los pasos fronterizos de España, alineándose con las disposiciones del Código de Fronteras Schengen y respondiendo a las demandas contemporáneas de movilidad internacional y seguridad nacional. Estas medidas buscan garantizar un equilibrio entre la facilitación del tránsito legítimo de personas y la necesidad de proteger el orden público, la seguridad nacional y la salud pública. El reglamento establece criterios claros para la habilitación y cierre de pasos fronterizos, así como para las obligaciones de los transportistas que operan en territorio español, asegurando que todas las operaciones se desarrollen bajo un marco de seguridad, eficiencia y cumplimiento normativo.

La habilitación de pasos fronterizos se configura como un elemento esencial para garantizar un flujo eficiente y seguro de personas a través de las fronteras españolas. Según el reglamento, la habilitación de estos puntos estará determinada por las necesidades operativas y las prioridades de seguridad, considerando tanto la infraestructura disponible como los requisitos logísticos asociados a cada ubicación. Este enfoque permite una gestión dinámica y adaptativa de los pasos fronterizos, ajustándolos a las variaciones en los flujos migratorios, eventos internacionales o circunstancias específicas que puedan influir en el volumen y la naturaleza del tránsito fronterizo. Además, se asegura que cada paso fronterizo habilitado cumpla con los estándares de seguridad y operatividad establecidos por la normativa europea, promoviendo una integración fluida con los sistemas de control fronterizo de los Estados miembros de la UE.

El nuevo Reglamento de Extranjería también prevé la posibilidad de cerrar temporalmente pasos fronterizos bajo circunstancias excepcionales, como amenazas graves para la seguridad nacional, riesgos para la salud pública o alteraciones significativas del orden público. Este procedimiento está diseñado para responder de manera rápida y efectiva a situaciones de emergencia, minimizando el impacto sobre la movilidad internacional mientras se garantiza la protección de la ciudadanía. Las decisiones de cierre estarán respaldadas por informes técnicos elaborados por las autoridades competentes, y deberán ser comunicadas tanto a las instituciones nacionales como a las autoridades europeas responsables. Este protocolo refuerza la capacidad de España para gestionar contingencias en sus fronteras de manera coordinada con otros Estados miembros, asegurando una respuesta uniforme y proporcional en todo el espacio Schengen.

Un aspecto relevante del reglamento es el refuerzo de las obligaciones de las compañías de transporte, que desempeñan un papel crucial en la gestión de los flujos migratorios y en la prevención de la entrada irregular de personas en el territorio nacional. Según las disposiciones del nuevo Reglamento de Extranjería, los transportistas están obligados a verificar la documentación de sus pasajeros antes de embarcar, asegurándose de que cumplen con los requisitos legales para su entrada en España. Además, tienen la responsabilidad de notificar a las autoridades competentes en caso de detectar irregularidades en la documentación presentada. Este enfoque busca no solo fortalecer los controles previos al ingreso al territorio nacional, sino también responsabilizar a los transportistas en la lucha contra la migración irregular, asegurando que cumplan con su papel dentro del marco normativo vigente.

Estas medidas también están alineadas con el compromiso de España de garantizar la seguridad y bienestar de la ciudadanía, sin comprometer la movilidad internacional legítima. La habilitación de pasos fronterizos adecuados y la posibilidad de cierres temporales estratégicos permiten un control más efectivo de las entradas y salidas del territorio, especialmente en contextos de alta sensibilidad, como crisis sanitarias, tensiones geopolíticas o eventos de gran magnitud que puedan alterar los patrones normales de movilidad. Al mismo tiempo, se promueve la colaboración entre las autoridades nacionales y las instituciones europeas, garantizando una gestión fronteriza coherente y en línea con los estándares del espacio Schengen.

La integración de tecnologías avanzadas para la supervisión y control de los pasos fronterizos es otro punto clave del reglamento. Las infraestructuras habilitadas para el control fronterizo estarán equipadas con herramientas modernas que faciliten la verificación de documentación y el seguimiento de flujos de personas en tiempo real. Este enfoque no solo mejora la eficiencia operativa, sino que también refuerza la capacidad de las autoridades para detectar y responder a posibles irregularidades, amenazas o situaciones de emergencia en las fronteras. Además, la digitalización y la interoperabilidad de los sistemas de control permiten una comunicación más fluida y rápida entre los diferentes actores implicados, tanto a nivel nacional como europeo.

El impacto de estas medidas no se limita a los aspectos operativos, sino que también tiene implicaciones significativas en términos de protección de derechos y acceso a servicios. Al garantizar que los pasos fronterizos funcionen de manera eficiente y segura, el reglamento contribuye a la construcción de un sistema más accesible para las personas que ingresan al país de manera legítima, ya sea por motivos laborales, familiares, turísticos o humanitarios. Esto es particularmente relevante en el contexto de los visados humanitarios y las autorizaciones de residencia por circunstancias excepcionales, donde la correcta gestión de los flujos fronterizos es esencial para garantizar que las personas vulnerables reciban la protección y asistencia necesarias.

Por otro lado, el nuevo Reglamento de Extranjería subraya la importancia de la coordinación interinstitucional para una gestión eficaz de los pasos fronterizos. Las decisiones sobre habilitación y cierre de pasos se toman en colaboración con distintas administraciones y organismos, garantizando que las medidas adoptadas sean proporcionales y fundamentadas en criterios técnicos y legales. Este enfoque coordinado refuerza la confianza en el sistema de gestión fronteriza y asegura que todas las acciones se desarrollen en el marco del respeto a los derechos fundamentales de las personas en tránsito.

4

VISADOS

El **Real Decreto 1155/2024** redefine las categorías de visados, estableciendo tipologías claras y procedimientos estandarizados que buscan mejorar la accesibilidad y garantizar un marco legal coherente para las personas extranjeras que deseen ingresar a España. Estas disposiciones se adaptan tanto a las necesidades del país como a las normativas de la UE, fomentando una gestión más eficiente de los flujos migratorios.

4.1. Tipologías: tránsito, corta y larga duración

El Real Decreto 1155/2024 establece un marco normativo detallado para la regulación de los visados en España, diferenciando entre varias tipologías diseñadas para atender las diversas necesidades de las personas extranjeras. Estas categorías, alineadas con las directrices de la UE y las prioridades nacionales, buscan garantizar un sistema migratorio coherente, transparente y adaptado a las realidades contemporáneas. Entre las principales tipologías reguladas se encuentran los visados de tránsito, los visados de estancia de corta duración y los visados de larga duración, cada uno con requisitos y finalidades específicas que reflejan el compromiso de España con la gestión ordenada y segura de los flujos migratorios.

Los visados de tránsito están destinados a personas extranjeras que necesitan pasar por territorio español, generalmente a través de un aeropuerto, en su camino hacia un tercer país. Este tipo de visado es obligatorio para nacionales de determinados países, conforme a los acuerdos internacionales y las normativas nacionales vigentes. Los requisitos para su obtención incluyen la presentación de documentación que justifique el destino final, como un billete de transporte confirmado, pruebas de medios económicos suficientes para continuar el viaje y, en algunos casos, seguros de viaje que cubran contingencias durante el tránsito. Además, el reglamento subraya que estos visados no permiten la entrada a territorio español más allá de las instalaciones habilitadas para el tránsito, como áreas internacionales de aeropuertos, lo que refuerza su carácter limitado y específico. Este enfoque garantiza que las personas extranjeras en tránsito cumplan con los requisitos de seguridad y orden público establecidos por España y la UE.

Por otro lado, los visados de estancia de corta duración son los más solicitados y están diseñados para estancias en España de hasta 90 días dentro de un periodo de 180 días. Estos visados abarcan una amplia variedad de actividades, como turismo, visitas familiares, negocios, tratamiento médico, y participación en eventos culturales, deportivos o científicos. El reglamento establece requisitos claros para su obtención, incluyendo la justificación del propósito del viaje, pruebas de medios económicos adecuados, y, en ciertos casos, la presentación de cartas de invitación o documentación relacionada con el evento o actividad a desarrollar. Una de las novedades del reglamento es la posibilidad de solicitar una prórroga en circunstancias excepcionales, como emergencias médicas, desastres naturales en el país de origen, o situaciones personales que impidan el regreso dentro del plazo inicialmente autorizado. Este enfoque permite una mayor flexibilidad en casos excepcionales, respetando al mismo tiempo los principios de control migratorio y seguridad.

Los visados de larga duración constituyen una categoría esencial dentro del sistema migratorio español, ya que permiten residir en España por un periodo superior a 90 días. Estos visados se destinan a una variedad de fines, como estudios, empleo, reagrupación familiar, actividades de temporada, investigación o emprendimiento. Dentro de esta categoría, el reglamento detalla subcategorías específicas que atienden a diferentes perfiles y necesidades. Por ejemplo, los visados para estudiantes permiten a personas extranjeras cursar estudios en instituciones españolas reconocidas, participar en programas de movilidad educativa o realizar actividades formativas. Los requisitos incluyen la admisión en un centro educativo registrado, pruebas de medios económicos para cubrir la estancia y, en algunos casos, seguros médicos que garanticen acceso a servicios sanitarios durante la estancia. Una de las características más relevantes de esta subcategoría es que los estudiantes pueden trabajar hasta 30 horas semanales, lo que facilita su integración económica y social durante su estancia en España.

En el ámbito laboral, los visados de larga duración también contemplan a los trabajadores altamente cualificados, quienes son esenciales para cubrir necesidades específicas en sectores estratégicos como tecnología, salud o investigación. Este tipo de visado, que incluye la Tarjeta Azul-UE, permite a las personas extranjeras acceder a condiciones laborales competitivas y a beneficios adicionales, como la posibilidad de trasladarse entre Estados miembros de la UE bajo ciertos requisitos. Además, los visados de larga duración incluyen autorizaciones para familiares de ciudadanos españoles o comunitarios, lo que refuerza la unidad familiar y promueve la cohesión social.

El nuevo Reglamento de Extranjería también regula los visados de larga duración destinados a actividades de investigación y proyectos empresariales, promoviendo a España como un destino atractivo para la innovación y el emprendimiento. Estos visados están diseñados para facilitar la llegada de talento extranjero, permitiendo a las personas investigadoras y empresarias desarrollar sus proyectos en un entorno que favorece la transferencia de conocimientos y la cooperación internacional. Los requisitos para esta categoría incluyen la presentación de un plan de investigación o empresarial detallado, pruebas de viabilidad económica y, en algunos casos, cartas de apoyo de instituciones o empresas españolas.

Una característica transversal de todas las categorías de visados es el fortalecimiento de los controles y la simplificación de los trámites administrativos. El reglamento establece plazos claros para la resolución de solicitudes, mejorando la predictibilidad y reduciendo los tiempos de espera. Además, se ha priorizado la digitalización de los procesos, permitiendo que las personas extranjeras presenten sus solicitudes de manera telemática y reciban notificaciones electrónicas sobre el estado de las mismas. Esta modernización no solo mejora la experiencia de los usuarios, sino que también refuerza la transparencia y la eficiencia del sistema.

El impacto de estas medidas es significativo, tanto para las personas extranjeras como para el sistema migratorio español en su conjunto. Las claras distinciones entre las categorías de visados facilitan la comprensión y el cumplimiento de los requisitos, mientras que la flexibilidad en casos excepcionales permite atender mejor las necesidades individuales de las personas solicitantes. Al mismo tiempo, estas disposiciones fortalecen la capacidad de

España para gestionar los flujos migratorios de manera segura y eficiente, alineándose con las prioridades nacionales y los estándares europeos.

4.2. Visados de Búsqueda de Empleo

El Real Decreto 1155/2024 introduce una de las medidas más innovadoras y estratégicas en la gestión migratoria española: los visados de búsqueda de empleo. Esta iniciativa, diseñada para fomentar la migración regular y ordenada, busca atraer talento extranjero y abordar las necesidades específicas del mercado laboral español. La creación de este tipo de visado refleja un enfoque moderno y flexible hacia la movilidad internacional, al tiempo que responde a los desafíos demográficos, económicos y sociales que enfrenta España en la actualidad.

Los visados de búsqueda de empleo permiten a las personas extranjeras residir en España durante un periodo máximo de 12 meses con el propósito exclusivo de buscar empleo. Durante este tiempo, los titulares de este visado pueden explorar oportunidades laborales en cualquier región del país y en sectores que se ajusten a su perfil profesional o académico. Una de las características más destacadas e innovadoras de este visado es la posibilidad de convertirlo en una autorización de residencia y trabajo una vez que el titular encuentra un empleo que cumpla con los requisitos legales establecidos. Esta transición puede realizarse sin la necesidad de abandonar España, eliminando barreras burocráticas que anteriormente complicaban o dificultaban el acceso al mercado laboral para personas extranjeras en situaciones similares. Este cambio en la normativa representa un avance significativo en términos de simplificación administrativa y promoción de la integración laboral de las personas extranjeras.

Para garantizar que los visados de búsqueda de empleo respondan a las necesidades reales del mercado laboral, el reglamento establece criterios claros de elegibilidad. Este visado está dirigido a perfiles estratégicos, entre los cuales destacan los hijos o nietos de ciudadanos españoles de origen. Este enfoque reconoce el vínculo cultural y familiar de estas personas con España, lo que facilita su integración en el país tanto en el ámbito laboral como social. Además, se priorizan las solicitudes de personas con cualificaciones en ocupaciones consideradas prioritarias o deficitarias en el mercado laboral español. Estas áreas de alta demanda incluyen sectores clave como la tecnología, la sanidad, la agricultura y la construcción, donde la escasez de mano de obra representa un desafío recurrente para el desarrollo económico.

El nuevo Reglamento de Extranjería también contempla una perspectiva territorial en la concesión de estos visados, otorgando prioridad a candidatos que puedan contribuir al desarrollo de regiones con desafíos demográficos o económicos. En este sentido, el visado se configura como una herramienta para fomentar la revitalización de zonas rurales y menos pobladas, promoviendo la llegada de nuevos residentes y la dinamización de las economías locales. Este enfoque descentralizado permite que el impacto positivo de estos visados trascienda las grandes ciudades y beneficie a comunidades en todo el país, alineándose con las estrategias de desarrollo regional y cohesión territorial.

Además de su diseño estratégico, los visados de búsqueda de empleo ofrecen múltiples ventajas tanto para las personas extranjeras como para la sociedad española en su conjunto. En primer lugar, este visado proporciona una vía legal y estructurada para que las personas extranjeras ingresen al mercado laboral español. Al ofrecer una alternativa ordenada y regulada, reduce significativamente la dependencia de canales irregulares, promoviendo una migración más segura y respetuosa de los derechos humanos. Este enfoque también fortalece la seguridad jurídica tanto para los trabajadores extranjeros como para los empleadores, quienes pueden confiar en un marco normativo claro y eficiente.

En términos de integración, los visados de búsqueda de empleo facilitan la participación de las personas extranjeras en la economía y la sociedad española. Los titulares de este visado tienen acceso a derechos laborales y servicios públicos, lo que garantiza su bienestar y contribuye a su plena inclusión en el tejido social. Al mismo tiempo, este tipo de visado responde a la necesidad de cubrir déficits de mano de obra en sectores clave, abordando tanto las necesidades inmediatas como las demandas estructurales del mercado laboral. España, como muchos otros países europeos, enfrenta desafíos relacionados con el envejecimiento de la población y la disminución de la fuerza laboral activa, lo que hace que la incorporación de talento extranjero sea esencial para sostener el crecimiento económico y la innovación empresarial.

El impacto económico de los visados de búsqueda de empleo es particularmente significativo. Al atraer talento cualificado, este visado contribuye al desarrollo de sectores estratégicos, fomenta la competitividad empresarial y promueve la creación de empleo. Además, las personas extranjeras que trabajan legalmente en España generan ingresos fiscales a través de sus contribuciones a la seguridad social y el sistema tributario, fortaleciendo la sostenibilidad del estado de bienestar. Este modelo de migración regulada también reduce los costes asociados a la migración irregular, como los relacionados con la seguridad fronteriza y los procedimientos de retorno.

El nuevo Reglamento de Extranjería refuerza el carácter inclusivo y eficiente de los visados de búsqueda de empleo mediante la simplificación de los trámites administrativos. La digitalización de los procesos permite que las personas interesadas puedan presentar sus solicitudes de manera telemática, reduciendo la necesidad de desplazamientos físicos y agilizando los tiempos de resolución. Además, se establecen plazos claros para la evaluación y concesión de estos visados, lo que mejora la predictibilidad y la confianza en el sistema migratorio. Estas medidas no solo benefician a los solicitantes, sino que también facilitan la gestión administrativa para las oficinas consulares y de extranjería, optimizando los recursos disponibles.

Por otro lado, el nuevo RLOEx subraya la importancia de evaluar periódicamente las necesidades del mercado laboral para garantizar que los visados de búsqueda de empleo se otorguen de manera coherente con las prioridades nacionales. Este enfoque dinámico y adaptativo permite ajustar las políticas migratorias en función de los cambios en la economía, la demografía y otros factores relevantes, asegurando que las decisiones sean informadas y basadas en datos actualizados.

4.3. Procedimientos y requisitos específicos

El Real Decreto 1155/2024 establece un marco normativo detallado para la gestión de visados en España, asegurando que los procedimientos para su solicitud, evaluación y emisión sean claros, uniformes y adaptados a las necesidades actuales. Este enfoque busca facilitar el acceso de las personas extranjeras a los visados que necesitan, optimizando al mismo tiempo los recursos administrativos y reforzando la coherencia con las normativas europeas. A través de disposiciones específicas, el reglamento no solo simplifica los trámites, sino que también garantiza una migración ordenada y regular, alineada con las prioridades económicas y sociales del país.

Uno de los puntos más destacados del nuevo Reglamento de Extranjería es la claridad en la presentación de solicitudes. Todas las solicitudes de visado deben ser presentadas en las oficinas consulares españolas ubicadas en el país de residencia de la persona solicitante. Este requisito asegura que el proceso se realice en el lugar más cercano y accesible para la persona interesada, evitando desplazamientos innecesarios y facilitando la recopilación de documentación. Los requisitos básicos incluyen un pasaporte válido, el formulario de solicitud debidamente cumplimentado, una fotografía reciente, un seguro médico que cubra el periodo de estancia y pruebas de medios económicos suficientes para sustentar la estancia en España. Este enfoque estandarizado no solo reduce la incertidumbre para las personas solicitantes, sino que también asegura que los documentos necesarios estén claramente definidos y sean fáciles de recopilar.

Una vez presentada la solicitud, el nuevo Reglamento de Extranjería distingue entre las responsabilidades de las oficinas consulares y las oficinas de extranjería en España, asegurando una evaluación exhaustiva y especializada de los requisitos. Las oficinas consulares son responsables de valorar el cumplimiento de los requisitos generales, como la validez del pasaporte y la presentación de los documentos necesarios. Por otro lado, las oficinas de extranjería en España se encargan de evaluar los requisitos específicos relacionados con la categoría de visado solicitado, como la admisión en una institución educativa en el caso de visados de estudios, o la oferta de empleo en los visados laborales. Este sistema de competencias compartidas asegura que cada solicitud sea analizada con el nivel adecuado de detalle y especialización, reduciendo errores y fortaleciendo la confianza en el sistema.

El nuevo Reglamento de Extranjería también introduce plazos claros para la resolución de solicitudes, una medida diseñada para mejorar la predictibilidad y la eficiencia del sistema. Por ejemplo, los visados de corta duración deben resolverse en un plazo máximo de 15 días desde la presentación completa de la solicitud, mientras que los visados de larga duración tienen plazos más extensos debido a la complejidad de los requisitos. Estas disposiciones garantizan que las personas extranjeras no enfrenten retrasos innecesarios y puedan planificar su llegada a España con mayor certeza. Además, las resoluciones serán notificadas preferentemente a través de canales electrónicos, lo que agiliza la comunicación con las personas solicitantes y reduce la dependencia de métodos tradicionales de notificación que pueden ser más lentos e ineficaces.

En el caso de renovaciones y prórrogas, el reglamento establece procedimientos específicos para cada tipo de visado. Los visados de larga duración, por ejemplo, pueden ser renovados siempre que se cumplan los requisitos originales y las condiciones establecidas para su concesión inicial. Las personas extranjeras deben iniciar el proceso de renovación antes de la expiración del visado original, asegurando que no haya interrupciones en su estatus migratorio. Por otro lado, las prórrogas de visados de corta duración están reservadas para circunstancias excepcionales, como emergencias médicas o situaciones imprevistas que impidan el regreso al país de origen dentro del plazo autorizado. Estas solicitudes deben ser presentadas directamente ante las autoridades competentes dentro del territorio español, lo que facilita la atención inmediata a situaciones urgentes.

Otro aspecto importante es la digitalización de los procesos, que representa un paso significativo hacia la modernización de la gestión de visados en España. El nuevo Reglamento de Extranjería promueve el uso de herramientas tecnológicas para facilitar la presentación de solicitudes, permitiendo que las personas extranjeras carguen sus documentos y realicen consultas de manera telemática. Este enfoque no solo reduce la necesidad de desplazamientos físicos, sino que también agiliza la tramitación al permitir un acceso más rápido a la información. Además, la interoperabilidad entre las distintas administraciones públicas involucradas asegura que los datos compartidos sean consistentes y accesibles, reduciendo la duplicación de esfuerzos y mejorando la coordinación.

El impacto de estas disposiciones va más allá de la mejora de los procedimientos administrativos. La claridad y la eficiencia en la gestión de visados fortalecen la seguridad jurídica para las personas extranjeras, quienes ahora cuentan con un marco normativo más accesible y transparente. Esto es especialmente relevante en el contexto de las políticas migratorias modernas, donde la confianza en las instituciones es un factor clave para fomentar una migración ordenada y regular. Asimismo, estas mejoras benefician a los empleadores y otros actores que dependen de la llegada de personas extranjeras, ya que reducen los tiempos y costos asociados con la tramitación de permisos.

Además, el nuevo Reglamento de Extranjería subraya la importancia de mantener un enfoque adaptativo y flexible en la gestión de visados. Esto incluye la evaluación periódica de las necesidades del mercado laboral y otros factores sociales y económicos que puedan influir en la concesión de visados. Al hacerlo, España asegura que su política migratoria siga siendo relevante y efectiva, respondiendo a los cambios en las dinámicas globales y nacionales.

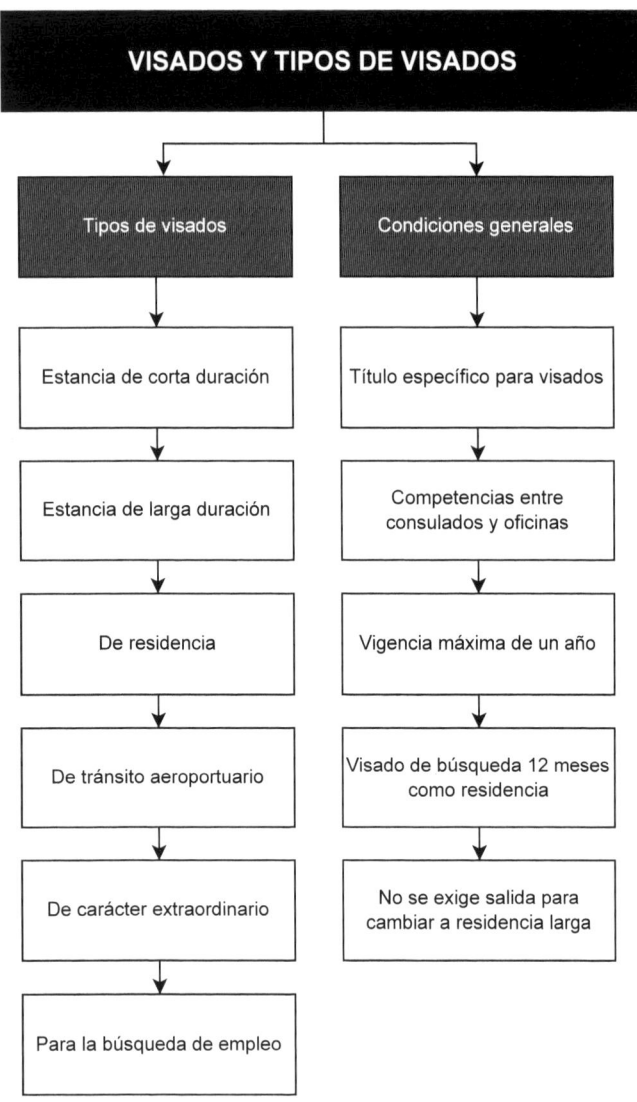

Fuente: elaboración propia, a partir del Real Decreto 1155/2024

5

ESTANCIA Y RESIDENCIA

El Real Decreto 1155/2024 redefine el marco normativo para las estancias y residencias de personas extranjeras en España, promoviendo un equilibrio entre la gestión migratoria eficiente y la integración social y económica. Este marco renovado garantiza derechos claros y procedimientos accesibles, adaptándose a las necesidades de las personas extranjeras que desean residir temporal o permanentemente en el país.

5.1. Estancias de corta y larga duración

El Real Decreto 1155/2024 establece un marco normativo claro y detallado para las estancias en España, clasificándolas en dos categorías principales: estancias de corta duración y estancias de larga duración. Esta distinción permite una gestión específica y eficiente de las necesidades de las personas extranjeras, respetando tanto las normativas nacionales como las directrices europeas. Este enfoque integral busca equilibrar la flexibilidad para los visitantes temporales con la estabilidad y los derechos para quienes planean una estancia prolongada, contribuyendo al desarrollo social, económico y cultural del país.

Las estancias de corta duración están destinadas a aquellas personas extranjeras que deseen permanecer en España por un periodo máximo de 90 días dentro de un plazo de 180 días. Este tipo de estancia es especialmente relevante para fines temporales, lo que la convierte en una opción flexible para un amplio espectro de visitantes. Los fines permitidos incluyen turismo, visitas familiares, participación en eventos culturales, actividades académicas, negocios y tratamientos médicos. Esta variedad de propósitos refleja el compromiso de España con la promoción de la movilidad internacional de manera regulada, facilitando el tránsito seguro y ordenado de personas que no tienen intención de establecerse de forma permanente en el país.

Desde el punto de vista normativo, las estancias de corta duración están reguladas principalmente por las directrices de la UE, en particular aquellas relacionadas con el visado Schengen para ciudadanos de terceros países. Este marco asegura un enfoque armonizado entre los Estados miembros, permitiendo que las personas extranjeras disfruten de condiciones coherentes y predecibles al viajar dentro del espacio Schengen. El reglamento también contempla la posibilidad de prórrogas en circunstancias excepcionales, como emergencias médicas, conflictos en el país de origen o problemas legales que impidan el retorno dentro del plazo inicialmente autorizado. Para solicitar estas prórrogas, las personas extranjeras deben presentar pruebas documentales que justifiquen la necesidad de extender su estancia, y estas solicitudes son evaluadas por las oficinas competentes. Este procedimiento permite una mayor flexibilidad en situaciones extraordinarias, garantizando al mismo tiempo el cumplimiento de las normativas vigentes.

Además, las estancias de larga duración están diseñadas para aquellas personas extranjeras que planean residir en España por más de 90 días, generalmente para realizar actividades específicas que contribuyen al desarrollo del país en múltiples ámbitos. Entre los fines principales de estas estancias se incluyen estudios en instituciones reconocidas, formación profesional, voluntariado, trabajo por cuenta ajena o propia, y actividades de investigación. Este tipo de estancia permite una interacción más profunda y prolongada con la sociedad española, facilitando la integración cultural, económica y social de las personas extranjeras.

El nuevo Reglamento de Extranjería establece que las personas extranjeras con estancias de larga duración deben obtener una autorización temporal de residencia, que no solo les permite residir legalmente en España, sino que también les otorga acceso a derechos fundamentales. Estos derechos incluyen el acceso a servicios educativos, sanitarios y laborales, lo que garantiza una integración más amplia en el sistema social español. Por ejemplo, las personas extranjeras que trabajan por cuenta ajena tienen los mismos derechos laborales que los ciudadanos españoles, incluyendo la protección social y el acceso a prestaciones, siempre que cumplan con las obligaciones legales correspondientes.

Uno de los aspectos más destacados de las estancias de larga duración es la facilidad para renovar las autorizaciones temporales. El nuevo Reglamento de Extranjería introduce procedimientos simplificados que buscan evitar situaciones de irregularidad migratoria, facilitando que las personas extranjeras mantengan su estatus legal mientras cumplen con los requisitos establecidos. Esta simplificación administrativa no solo beneficia a los titulares de estas autorizaciones, sino que también mejora la eficiencia de las oficinas de extranjería y refuerza la estabilidad jurídica del sistema migratorio español. Al garantizar la continuidad de los derechos y servicios para los residentes temporales, el nuevo Reglamento de Extranjería fomenta la estabilidad social y la cohesión entre las comunidades locales y las personas extranjeras.

En el ámbito educativo y de formación, las estancias de larga duración ofrecen oportunidades significativas para quienes buscan ampliar sus conocimientos y habilidades en España. Las personas extranjeras que cursan estudios o formación profesional pueden beneficiarse de un entorno educativo reconocido internacionalmente, con acceso a programas de alta calidad y redes de cooperación global. Además, el reglamento permite que estas personas trabajen de manera parcial mientras estudian, facilitando su integración económica y social. Este enfoque es especialmente relevante para promover la atracción de talento internacional, contribuyendo al fortalecimiento de sectores estratégicos y a la innovación en diversas áreas.

En cuanto a las estancias relacionadas con el trabajo, el reglamento regula tanto las actividades por cuenta ajena como por cuenta propia. Las personas extranjeras que trabajan por cuenta ajena deben contar con un contrato laboral válido, mientras que quienes optan por el trabajo por cuenta propia deben presentar un plan de negocio que demuestre la viabilidad de su actividad económica en España. Este enfoque flexible permite que diferentes perfiles profesionales encuentren oportunidades adecuadas a sus capacidades y aspiraciones, fomentando la diversificación del mercado laboral y el emprendimiento.

Otro aspecto clave de las estancias de larga duración es su contribución al desarrollo de comunidades rurales y zonas menos pobladas. El nuevo Reglamento de Extranjería promueve la llegada de personas extranjeras a estas regiones, incentivando su participación en actividades económicas y sociales que fortalezcan el tejido comunitario. Este enfoque se alinea con los objetivos de cohesión territorial y desarrollo regional, abordando desafíos demográficos como el envejecimiento poblacional y la despoblación.

5.2. Residencia temporal: reagrupación familiar y trabajo

El Real Decreto 1155/2024 introduce un marco renovado y amplio para la residencia temporal, destinado a personas extranjeras que planean permanecer en España por un periodo prolongado pero limitado. Dentro de esta categoría, destacan la reagrupación familiar y las autorizaciones de trabajo por cuenta ajena y propia, elementos clave para garantizar la integración social y económica de las personas extranjeras en el país. Estas disposiciones reflejan un enfoque orientado a la inclusión, la cohesión social y la dinamización del mercado laboral español, proporcionando herramientas jurídicas claras y accesibles para facilitar la convivencia y el desarrollo.

La reagrupación familiar es una de las piezas centrales de esta normativa, diseñada para proteger y fortalecer el derecho a la unidad familiar. Este derecho no solo garantiza el bienestar emocional de las personas extranjeras, sino que también promueve su estabilidad social. Una de las novedades más destacadas del reglamento es la ampliación de los beneficiarios de la reagrupación familiar. Ahora, además de los cónyuges y descendientes directos, se incluyen cónyuges no casados, parejas de hecho acreditadas, hijos de hasta 26 años y familiares ascendientes dependientes, ampliando significativamente el alcance de esta figura. Asimismo, se reconoce a los familiares de personas con nacionalidad española o de la UE, lo que refuerza la igualdad de trato y promueve una política de integración inclusiva. Un aspecto especialmente relevante es la protección extendida a las víctimas de violencia de género, violencia sexual y trata de seres humanos, quienes tienen acceso a medidas específicas que garantizan su seguridad y bienestar, así como el de sus familiares.

El proceso para la reagrupación familiar se ha diseñado bajo los principios de accesibilidad y transparencia, simplificando los trámites administrativos y reduciendo los tiempos de espera. La persona reagrupante debe acreditar los lazos familiares mediante documentación oficial y demostrar su capacidad económica para sostener a los familiares reagrupados. Estas medidas aseguran que las solicitudes se resuelvan de manera ágil y efectiva, fomentando la confianza en el sistema. Además, el impacto social de esta figura es profundo, ya que permite que las familias extranjeras vivan juntas en condiciones legales y dignas, reforzando la cohesión social y favoreciendo una integración más plena en la comunidad española.

Por otro lado, la residencia temporal para trabajo por cuenta ajena está diseñada para atender las necesidades de personas extranjeras que cuentan con un contrato laboral en España. Este tipo de autorización tiene como objetivo no solo permitir la entrada legal al mercado laboral, sino también garantizar la seguridad jurídica y la protección de los derechos laborales de los trabajadores extranjeros. El empleador, como parte del proceso, debe demostrar su capacidad para ofrecer condiciones laborales y salariales que cumplan con la normativa española, asegurando que los trabajadores extranjeros gocen de igualdad de trato con respecto a sus contrapartes nacionales. Además, el reglamento permite que las personas extranjeras comiencen a trabajar desde el primer día, eliminando barreras burocráticas que anteriormente retrasaban su incorporación al mercado laboral.

Una de las innovaciones más significativas en esta categoría es la movilidad laboral, que permite a las personas extranjeras cambiar de empleador sin necesidad de realizar trámites adicionales. Esta flexibilidad es crucial en un mercado laboral dinámico, ya que facilita la adaptación a nuevas oportunidades y fomenta la competitividad. Asimismo, esta modalidad está orientada a cubrir déficits de mano de obra en sectores estratégicos como la agricultura, la construcción, la tecnología y la sanidad, áreas donde la demanda supera con creces la oferta de trabajadores nacionales. Al abordar estas carencias, el reglamento no solo responde a las necesidades del mercado, sino que también impulsa la economía al incorporar talento extranjero en sectores clave para el desarrollo del país.

El trabajo por cuenta propia es otra categoría fundamental dentro de la residencia temporal, enfocada en personas extranjeras que deseen emprender actividades económicas de manera independiente en España. Este tipo de autorización fomenta la flexibilidad laboral y ofrece una vía para que emprendedores, autónomos y profesionales cualificados contribuyan al crecimiento económico y a la creación de empleo. Para obtener esta autorización, las personas interesadas deben presentar un plan de negocio que demuestre la viabilidad económica y legal de su actividad, así como su capacidad para cumplir con las obligaciones fiscales y de seguridad social. Este enfoque asegura que las actividades emprendidas sean sostenibles y beneficien tanto a los emprendedores como a la economía española.

Una de las características más innovadoras de esta modalidad es la posibilidad de combinar trabajo por cuenta ajena y propia, una medida que brinda a las personas extranjeras la oportunidad de diversificar sus fuentes de ingresos y adaptarse mejor a las dinámicas del mercado laboral. Esta flexibilidad no solo favorece la estabilidad económica de los trabajadores, sino que también promueve un entorno empresarial más dinámico y resiliente. Además, el impacto económico de esta figura es significativo, ya que fomenta la creación de empleo, estimula la innovación y fortalece el ecosistema empresarial en España, especialmente en sectores emergentes y en regiones menos desarrolladas.

En conjunto, estas disposiciones reflejan un compromiso claro del Real Decreto 1155/2024 con la promoción de una migración ordenada y regular que beneficie tanto a las personas extranjeras como a la sociedad española en su conjunto. Las medidas relacionadas con la residencia temporal no solo garantizan derechos fundamentales, como la unidad familiar y el acceso al trabajo, sino que también contribuyen a la estabilidad legal, la integración social y el desarrollo económico del país. Al combinar procedimientos claros, flexibilidad laboral y protección de derechos, el reglamento establece un marco normativo inclusivo y eficiente que responde a las demandas contemporáneas de movilidad internacional.

5.3. Residencia de larga duración: nacional y UE

Este nuevo Reglamento de Extranjería introduce un marco claro y sólido para la residencia de larga duración, estableciendo derechos y beneficios similares a los de los ciudadanos españoles para las personas extranjeras que cumplen con los requisitos establecidos. Este tipo de residencia, clasificada en residencia de larga duración nacional y residencia de larga duración-UE, tiene como objetivo garantizar la estabilidad jurídica, promover la integración social y económica, y facilitar la movilidad dentro del espacio de la UE. Estas medidas refuerzan el compromiso de España con una política migratoria alineada con los estándares europeos y los principios de igualdad y justicia social.

La residencia de larga duración nacional se concede a aquellas personas extranjeras que han residido legal y continuadamente en España durante un periodo de al menos cinco años. Este tipo de autorización permite a los titulares permanecer en el país de manera indefinida, siempre que mantengan las condiciones que dieron lugar a la concesión inicial. Entre las ventajas de esta modalidad se encuentra la posibilidad de acceder a derechos fundamentales en igualdad de condiciones con los ciudadanos españoles, como el empleo, la educación, la asistencia sanitaria y otros servicios públicos esenciales. Este estatus también otorga a las personas extranjeras una mayor seguridad jurídica, ya que no está vinculado a un empleo o actividad específica, lo que les permite desarrollar su vida personal y profesional con mayor estabilidad.

Uno de los requisitos principales para obtener la residencia de larga duración nacional es haber cumplido con un periodo de residencia continuada en España. El nuevo Reglamento de Extranjería establece que la continuidad no se ve interrumpida por ausencias temporales, siempre que estas no superen un límite acumulado de diez meses en cinco años, o doce meses consecutivos por razones justificadas. Este enfoque permite a las personas extranjeras mantener sus vínculos con sus países de origen o aprovechar oportunidades internacionales sin poner en riesgo su estatus en España. Además, el reglamento incluye disposiciones específicas para casos excepcionales, como la protección internacional, que permiten contabilizar periodos de residencia en situaciones humanitarias o especiales.

Por otro lado, la residencia de larga duración-UE amplía los beneficios al permitir la movilidad dentro del espacio europeo. Este tipo de autorización está dirigida a personas extranjeras que han residido legalmente en un Estado miembro de la UE durante al menos cinco años consecutivos. A diferencia de la residencia de larga duración nacional, esta modalidad facilita el acceso a oportunidades laborales, educativas y de investigación en otros Estados miembros, fomentando la integración de las personas extranjeras en un espacio europeo más amplio y conectado. España, en línea con las directrices europeas, ha adaptado esta figura para incluir disposiciones innovadoras, como la acumulación de periodos de residencia en diferentes Estados miembros para alcanzar los cinco años requeridos. Esta medida es especialmente relevante para personas extranjeras que, debido a la naturaleza de sus actividades laborales o académicas, residen en varios países de la UE durante su trayectoria profesional.

La residencia de larga duración-UE también se beneficia de los avances en interoperabilidad administrativa promovidos por las instituciones europeas. Las autoridades españolas tienen acceso a sistemas de información compartidos con otros Estados miembros, lo que facilita la verificación de la documentación y acelera los procedimientos de concesión y renovación. Este enfoque reduce significativamente la carga administrativa tanto para las personas solicitantes como para las oficinas de extranjería, garantizando una gestión más eficiente y transparente.

Ambas modalidades de residencia de larga duración tienen un impacto significativo en la integración social y económica de las personas extranjeras en España. Al garantizar el acceso a derechos fundamentales y servicios esenciales, estas autorizaciones permiten a las personas extranjeras participar plenamente en la vida social, económica y cultural del país. Por ejemplo, las personas extranjeras con residencia de larga duración pueden acceder a programas de formación y empleo que mejoran su empleabilidad y les permiten contribuir al desarrollo económico de España. Asimismo, este estatus facilita la reagrupación familiar y promueve la estabilidad emocional y social de los residentes, fortaleciendo la cohesión social en las comunidades de acogida.

Desde una perspectiva económica, las residencias de larga duración son una herramienta clave para abordar los desafíos demográficos y laborales de España. En un contexto de envejecimiento poblacional y déficit de mano de obra en sectores estratégicos, estas autorizaciones permiten retener talento extranjero que contribuye al sostenimiento del estado de bienestar y al crecimiento económico. Las personas extranjeras con residencia de larga duración también generan un impacto positivo en las finanzas públicas a través de sus contribuciones fiscales y de seguridad social, fortaleciendo la sostenibilidad de los sistemas de protección social.

El nuevo Reglamento de Extranjería también establece procedimientos claros y simplificados para la renovación de las residencias de larga duración, asegurando que las personas extranjeras puedan mantener su estatus legal sin enfrentarse a barreras administrativas innecesarias. Estas renovaciones están diseñadas para ser automáticas en la mayoría de los casos, siempre que se cumplan las condiciones básicas de residencia y no se haya incurrido en situaciones que puedan justificar su revocación, como actividades contrarias al orden público o a la seguridad nacional. Esta simplificación no solo reduce los tiempos de espera, sino que también fortalece la confianza en el sistema por parte de las personas extranjeras.

Además de los beneficios individuales, el marco normativo para las residencias de larga duración posiciona a España como un país líder en la gestión migratoria en el contexto europeo. Las disposiciones del Real Decreto 1155/2024 no sólo cumplen con las directrices de la UE, sino que también reflejan un compromiso con los derechos humanos y la promoción de la igualdad de oportunidades. Al garantizar que las personas extranjeras puedan acceder a un estatus estable y disfrutar de derechos comparables a los de los ciudadanos españoles, el reglamento contribuye a una sociedad más inclusiva y equitativa.

6

AUTORIZACIONES POR CIRCUNSTANCIAS EXCEPCIONALES

El **Real Decreto 1155/2024** introduce un marco renovado para las autorizaciones de residencia por circunstancias excepcionales, reconociendo la diversidad de situaciones personales y sociales de las personas extranjeras en España. Estas autorizaciones están diseñadas para proporcionar soluciones adaptadas a quienes no cumplen los requisitos generales de residencia, pero cuya situación merece una consideración especial por razones humanitarias, sociales o jurídicas.

6.1. Arraigo: social, laboral, familiar, socio formativo y segunda oportunidad

El arraigo se consolida como una de las figuras más importantes dentro del Real Decreto 1155/2024, configurándose como una herramienta clave para la integración social, laboral y personal de las personas extranjeras en España. Este reglamento no solo mantiene las modalidades tradicionales, como el arraigo social, laboral y familiar, sino que introduce nuevas categorías como el arraigo socio formativo y el arraigo de segunda oportunidad, simplificando además los requisitos de acceso. Estas disposiciones reflejan un compromiso claro con la regularización de situaciones irregulares, promoviendo la estabilidad jurídica, el acceso a derechos y la cohesión social. Cada tipo de arraigo responde a contextos específicos, facilitando soluciones adaptadas a las necesidades de las personas extranjeras y contribuyendo al desarrollo del país.

El arraigo social es una de las modalidades más utilizadas, y el reglamento introduce cambios significativos para facilitar su acceso. Ahora, las personas extranjeras pueden solicitar este tipo de arraigo tras acreditar una permanencia continuada en España durante al menos dos años, reduciendo el requisito previo de tres años. Además, es necesario demostrar vínculos familiares con personas residentes en España, como cónyuges, parejas de hecho, ascendientes o descendientes, o presentar un informe de inserción social emitido por la comunidad autónoma correspondiente. Este informe certifica que la persona solicitante está integrada en la sociedad española, evaluando aspectos como su participación en actividades comunitarias, su conocimiento del idioma y su capacidad para sostenerse económicamente. Estas disposiciones refuerzan la dimensión comunitaria del arraigo social, facilitando una integración más efectiva y rápida en el tejido social.

El arraigo laboral se dirige a personas extranjeras que han trabajado en España durante un periodo mínimo de seis meses, incluso si lo han hecho en situación irregular. Esta figura es especialmente importante para fomentar la transición de la economía informal a la regular, reduciendo la vulnerabilidad de los trabajadores extranjeros y garantizando su acceso a derechos laborales y de seguridad social. Para solicitar este tipo de arraigo, las personas deben presentar pruebas documentales que acrediten su actividad laboral, como contratos de trabajo, nóminas o certificados de empresa. Este enfoque no solo beneficia a las personas extranjeras, sino que también fortalece el mercado laboral al regularizar situaciones de empleo informal y promover condiciones de trabajo más justas.

El arraigo familiar se centra en garantizar la unidad familiar y la protección de menores y familiares directos de personas extranjeras en España. Esta modalidad está destinada a progenitores de menores de nacionalidad española o de otro Estado miembro de la UE, así como a personas que mantengan vínculos directos con ciudadanos españoles. Una de las principales ventajas de este tipo de arraigo es que simplifica los trámites para los solicitantes, reduciendo los requisitos administrativos y acelerando la resolución de las solicitudes. Esto es especialmente relevante en casos donde la unidad familiar puede estar en riesgo, garantizando que los menores afectados puedan crecer en un entorno estable y protegido. Además, esta figura fortalece el derecho a la vida familiar, alineándose con los principios de protección internacional y derechos humanos.

El arraigo socio formativo, una de las novedades del reglamento, está diseñado para regularizar la situación de personas extranjeras que están cursando o matriculadas en programas de formación profesional o educativa. Este tipo de arraigo tiene como objetivo principal fomentar el desarrollo personal y profesional de los solicitantes, especialmente entre los jóvenes extranjeros que buscan mejorar su empleabilidad y contribuir al mercado laboral español. Para acceder a esta modalidad, las personas extranjeras deben demostrar su participación activa en programas de formación reconocidos oficialmente, lo que incluye tanto educación superior como formación profesional. Este enfoque no solo beneficia a los solicitantes, sino que también contribuye al fortalecimiento del sistema educativo y a la generación de una fuerza laboral más cualificada y preparada para enfrentar los desafíos del mercado.

El arraigo de segunda oportunidad representa una innovación clave en el reglamento, ofreciendo una solución para personas extranjeras que en el pasado tuvieron una autorización de residencia, pero que la perdieron por circunstancias excepcionales. Esta modalidad busca facilitar la reintegración de estas personas al sistema legal, proporcionándoles una nueva oportunidad para regularizar su situación y acceder al mercado laboral y a los servicios públicos. Este tipo de arraigo está especialmente dirigido a quienes, pese a haber perdido su autorización, mantienen vínculos con la sociedad española y desean reintegrarse plenamente. Los requisitos incluyen la acreditación de su residencia previa en España, así como la demostración de su intención de cumplir con las normativas vigentes. Esta disposición refleja un enfoque humanitario y pragmático, reconociendo las realidades complejas que enfrentan muchas personas extranjeras y ofreciendo vías para su inclusión social y económica.

En conjunto, estas modalidades de arraigo reflejan un compromiso claro con la regularización de situaciones irregulares y la promoción de una sociedad inclusiva y cohesionada. El Real Decreto 1155/2024 simplifica los requisitos y procedimientos para acceder a estas figuras, haciendo que sean más accesibles para un mayor número de personas. Este enfoque no solo beneficia a las personas extranjeras, sino que también fortalece el tejido social y económico de España, al promover la participación activa de estas personas en la vida comunitaria y laboral del país.

Desde una perspectiva económica, las figuras de arraigo contribuyen significativamente al mercado laboral al incorporar a trabajadores cualificados y fomentar la transición hacia un empleo formal y regulado. Al mismo tiempo, estas disposiciones refuerzan el sistema de protección social, al garantizar que las personas extranjeras contribuyan al sistema tributario y de seguridad social una vez regularizadas. En términos sociales, el arraigo fomenta la cohesión al reducir la exclusión y la marginalización de las personas extranjeras, facilitando su acceso a servicios esenciales como la educación, la sanidad y la vivienda.

El impacto positivo del arraigo también se extiende a la política migratoria general de España, posicionando al país como un referente en la gestión inclusiva y sostenible de los flujos migratorios. Al ofrecer vías claras y accesibles para la regularización, el reglamento no solo reduce las tensiones asociadas a la migración irregular, sino que también refuerza la confianza en las instituciones públicas y en la eficacia del sistema migratorio.

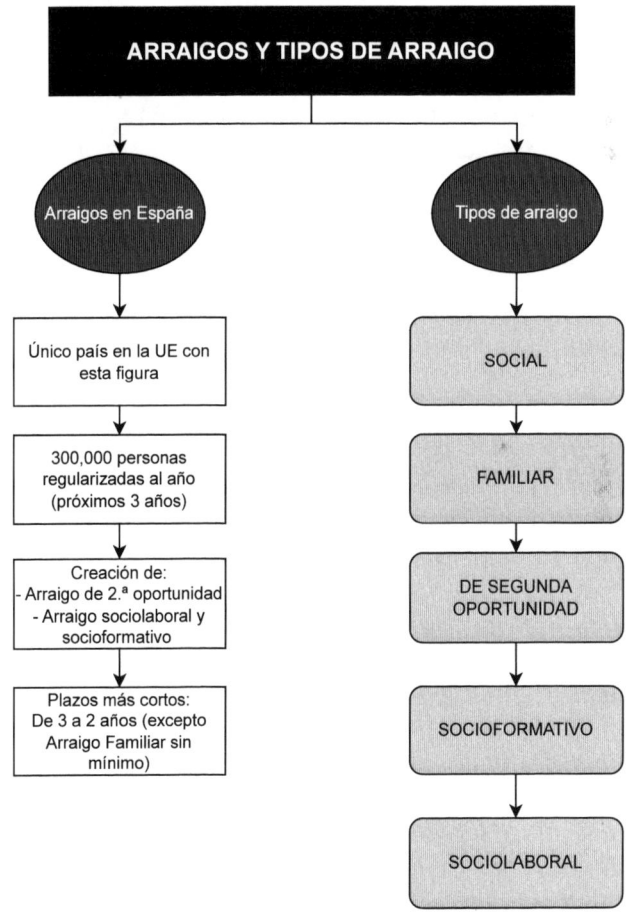

Fuente: elaboración propia, a partir del Real Decreto 1155/2024

6.2. Protección a víctimas de violencia de género, sexual y trata

El nuevo Reglamento de Extranjería establece un marco renovado y robusto para la protección de las personas extranjeras en situación de vulnerabilidad extrema, reforzando su acceso a derechos fundamentales y garantizando su seguridad jurídica y social. Este enfoque humanitario abarca tres categorías principales: víctimas de violencia de género, víctimas de violencia sexual y víctimas de trata de seres humanos. Estas disposiciones no solo reflejan el compromiso de España con los derechos humanos y la justicia social, sino que también fortalecen su sistema de protección frente a las problemáticas más graves relacionadas con la migración y la explotación.

Las víctimas de violencia de género representan uno de los colectivos más protegidos por esta normativa. El reglamento garantiza la concesión de autorizaciones de residencia y trabajo a las mujeres extranjeras que han sufrido violencia de género, sin importar su situación migratoria previa. Este enfoque es particularmente importante, ya que muchas víctimas no denuncian por miedo a represalias o deportación. La normativa elimina esta barrera al proporcionar un marco seguro para que estas mujeres puedan acceder a los recursos necesarios sin temor a perder su estatus legal o ser expulsadas del país. Además, se otorgan medidas específicas para garantizar su acceso a servicios de protección integral, como asistencia sanitaria, apoyo psicológico y programas de alojamiento temporal para víctimas. Estos recursos buscan no solo proteger físicamente a las mujeres afectadas, sino también empoderarlas para que puedan reconstruir sus vidas en un entorno seguro y estable.

Por otro lado, el reglamento amplía las garantías legales para las víctimas de violencia sexual, incluyendo disposiciones específicas para las menores de edad. Estas personas tienen derecho a una autorización de residencia temporal, que les permite acceder a servicios esenciales mientras reciben el apoyo necesario para su recuperación. Entre los recursos disponibles se encuentran la asistencia psicológica especializada, servicios médicos integrales y programas diseñados para su reintegración social y laboral. Esta categoría se centra en atender las necesidades particulares de las víctimas de violencia sexual, quienes a menudo enfrentan barreras adicionales para acceder a la justicia y los servicios debido al trauma sufrido y, en muchos casos, a su situación de irregularidad migratoria. Al proporcionarles una protección jurídica clara y un acceso prioritario a los recursos, el reglamento refuerza la capacidad de estas personas para superar las consecuencias de la violencia y reinsertarse en la sociedad.

La trata de seres humanos, una de las formas más graves de explotación y abuso, también recibe una atención prioritaria en el Real Decreto. Las disposiciones para este colectivo se centran en la identificación temprana y la protección integral de las personas extranjeras víctimas de trata, asegurando que puedan escapar del ciclo de explotación y recibir el apoyo necesario para su recuperación. Una de las medidas clave es la emisión de autorizaciones de residencia por razones humanitarias, que están directamente vinculadas a la cooperación de las víctimas con las autoridades en la lucha contra las redes de trata. Este enfoque busca empoderar a las víctimas, ofreciéndoles la posibilidad de colaborar en las investigaciones sin temor a represalias o deportación. Además, estas autorizaciones les brindan acceso a servicios sociales, educativos y laborales, lo que facilita su reintegración en la sociedad española y reduce su vulnerabilidad a futuras explotaciones.

El nuevo Reglamento de Extranjería también incluye disposiciones específicas para mejorar la identificación de las víctimas de trata en los primeros puntos de contacto, como fronteras, centros de detención o procedimientos administrativos. Esto implica la capacitación de funcionarios públicos y personal especializado para reconocer los indicadores de trata y actuar de manera inmediata para proteger a las víctimas. Este enfoque proactivo es fundamental para garantizar que las personas afectadas reciban la atención y el apoyo necesarios desde el primer momento, minimizando el riesgo de revictimización y facilitando su acceso a los recursos disponibles.

Otro aspecto relevante del nuevo Reglamento de Extranjería es el énfasis en la cooperación interinstitucional, que incluye la colaboración entre las autoridades nacionales, las comunidades autónomas y las organizaciones de la sociedad civil. Esta coordinación es esencial para garantizar una respuesta integral y efectiva a las necesidades de las víctimas. Por ejemplo, las comunidades autónomas juegan un papel clave en la provisión de servicios de asistencia y rehabilitación, mientras que las organizaciones no gubernamentales contribuyen con su experiencia en la protección y defensa de los derechos de las víctimas. Este modelo de cooperación fortalece la capacidad de respuesta del sistema y asegura que las medidas adoptadas sean sostenibles y efectivas a largo plazo.

Además de las medidas de protección, el reglamento enfatiza la importancia de la prevención y sensibilización como herramientas clave para combatir la violencia de género, la violencia sexual y la trata de seres humanos. Esto incluye campañas de concienciación dirigidas a las comunidades extranjeras, programas educativos en instituciones públicas y privadas, y el fortalecimiento de los mecanismos de denuncia. Al abordar las causas subyacentes de estas problemáticas, España refuerza su compromiso con la creación de una sociedad más equitativa y segura para todas las personas.

El impacto de estas disposiciones trasciende el ámbito individual, ya que también contribuyen a fortalecer el tejido social y la cohesión en las comunidades de acogida. Al garantizar que las personas extranjeras en situaciones de vulnerabilidad extrema reciban la protección que necesitan, el reglamento promueve una sociedad más inclusiva y solidaria, donde los derechos humanos son respetados y defendidos sin excepción. Además, estas medidas reflejan el compromiso de España con los estándares internacionales en materia de derechos humanos, alineándose con las recomendaciones de organismos como las Naciones Unidas y la UE.

En términos de implementación, el reglamento establece procedimientos claros y accesibles para que las personas extranjeras puedan solicitar las autorizaciones de residencia y trabajo correspondientes. Estos procedimientos han sido diseñados para ser ágiles y eficientes, minimizando los tiempos de espera y reduciendo las barreras administrativas que a menudo dificultan el acceso a los recursos para las personas en situación de vulnerabilidad. La digitalización de los procesos y la interoperabilidad entre las diferentes administraciones también juegan un papel clave en la mejora de la eficiencia y la transparencia del sistema.

6.3. Colaboración con autoridades y razones humanitarias

Amplía significativamente el alcance de las autorizaciones de residencia por colaboración con autoridades y razones humanitarias, reforzando su marco normativo y ofreciendo protección integral a personas extranjeras en situaciones excepcionales. Este enfoque refleja un compromiso claro con los derechos humanos, la justicia y la integración social, proporcionando soluciones adaptadas a la diversidad de experiencias y necesidades de los solicitantes. Estas disposiciones no solo abordan problemas específicos relacionados con la colaboración en investigaciones y la protección frente a riesgos graves, sino que también fortalecen el sistema de justicia y las políticas de integración en España.

En el ámbito de la colaboración con autoridades, el reglamento establece derechos específicos para las personas extranjeras que participan activamente en la lucha contra delitos graves. Este reconocimiento es esencial, ya que muchas de estas personas, debido a su situación migratoria irregular o a su vulnerabilidad, pueden ser reticentes a colaborar con las autoridades por temor a represalias o deportación. Sin embargo, el decreto les otorga una autorización de residencia y trabajo, garantizando su protección jurídica y social. Este derecho no solo beneficia a las personas colaboradoras, sino que también refuerza la capacidad del sistema de justicia para investigar y perseguir delitos complejos, como el tráfico de personas, la trata, los delitos de odio y la explotación laboral.

Dentro de las áreas de colaboración prioritarias, se destacan los casos relacionados con redes de trata de personas y tráfico ilegal de migrantes. Estos delitos, que violan gravemente los derechos humanos, suelen ser difíciles de detectar y perseguir sin la cooperación de testigos o víctimas. Las personas extranjeras, especialmente aquellas que han sido explotadas o que tienen conocimiento directo de estas actividades, desempeñan un papel clave al proporcionar pruebas críticas que permiten sancionar a los responsables. Asimismo, se incluyen casos de explotación laboral, donde las personas extranjeras pueden colaborar aportando información sobre prácticas ilegales, como condiciones de trabajo abusivas, salarios no remunerados o situaciones de coacción.

El nuevo Reglamento de Extranjería garantiza que las personas colaboradoras reciban medidas de seguridad y apoyo integral, protegiendo su integridad física y emocional durante y después de su colaboración. Estas medidas incluyen asesoramiento legal, asistencia social y acceso a programas de protección específicos, asegurando que su participación no las exponga a nuevos riesgos. Este enfoque fomenta la confianza en las instituciones y crea un entorno más propicio para la cooperación entre las personas extranjeras y las autoridades.

En cuanto a las autorizaciones por razones humanitarias, estas reflejan el compromiso de España con la protección de las personas extranjeras que enfrentan riesgos graves en sus países de origen. Este marco se alinea con los principios internacionales de derechos humanos y responde a situaciones de vulnerabilidad extrema derivadas de conflictos armados, persecuciones políticas, desastres naturales o violencia sistemática. Por ejemplo, personas que huyen de guerras, gobiernos represivos o crisis humanitarias encuentran en estas autorizaciones una vía legal y segura para protegerse y reconstruir sus vidas en España.

El nuevo Reglamento de Extranjería también amplía las categorías de protección para incluir emergencias sanitarias, como pandemias o brotes de enfermedades en los países de origen. Estas disposiciones refuerzan la capacidad de respuesta del sistema migratorio frente a crisis globales, garantizando que las personas afectadas puedan acceder a un entorno seguro y a recursos esenciales. Además, la flexibilidad en los procedimientos permite que cada caso sea evaluado de manera individual, asegurando una respuesta rápida y adaptada a las circunstancias específicas de las personas solicitantes.

Las personas que reciben autorizaciones por razones humanitarias tienen acceso a un conjunto integral de derechos fundamentales que promueven su integración social y económica. Esto incluye atención sanitaria, asistencia social y oportunidades laborales, elementos esenciales para que puedan establecerse y contribuir al desarrollo de la sociedad española. Este enfoque no solo protege a las personas extranjeras en situaciones de vulnerabilidad, sino que también refuerza la cohesión social al garantizar que puedan participar plenamente en la vida comunitaria.

El impacto de estas autorizaciones por circunstancias excepcionales trasciende el ámbito individual, ya que también contribuyen al fortalecimiento de las políticas migratorias de España. Al ofrecer soluciones claras y accesibles para las personas extranjeras en situaciones de vulnerabilidad, el reglamento reduce la dependencia de vías irregulares y promueve una migración más ordenada y regulada. Además, estas disposiciones fortalecen la posición de España como un referente en la gestión humanitaria de los flujos migratorios, alineándose con los estándares internacionales y las mejores prácticas en derechos humanos.

Otro aspecto importante es la flexibilidad en los procedimientos administrativos, que permite adaptarse a las necesidades y circunstancias de cada caso. Por ejemplo, las personas que enfrentan riesgos inmediatos pueden recibir una autorización de residencia de manera expedita, garantizando su protección sin demoras innecesarias. Esta agilidad en la gestión es esencial para responder eficazmente a crisis humanitarias y para garantizar que las personas afectadas reciban el apoyo necesario en el menor tiempo posible.

El nuevo Reglamento de Extranjería también enfatiza la importancia de la coordinación interinstitucional en la implementación de estas medidas. La colaboración entre las autoridades nacionales, las comunidades autónomas y las organizaciones de la sociedad civil es fundamental para garantizar que las personas extranjeras reciban la atención y los recursos que necesitan. Las comunidades autónomas, en particular, desempeñan un papel clave en la provisión de servicios de asistencia social, mientras que las organizaciones no gubernamentales aportan experiencia y apoyo en la protección y defensa de los derechos de las personas extranjeras.

7

MENORES EXTRANJEROS

El **Real Decreto 1155/2024** establece disposiciones específicas para garantizar la protección, el bienestar y los derechos de los menores extranjeros, en consonancia con los estándares internacionales de derechos humanos y las normativas nacionales. Estas regulaciones abordan tanto la situación de los menores acompañados como la de aquellos que llegan al territorio español sin acompañamiento, además de los procedimientos para desplazamientos temporales.

7.1. Reglas para menores acompañados y no acompañados

El Real Decreto 1155/2024 introduce un marco integral para la protección de los menores extranjeros, tanto acompañados como no acompañados, garantizando sus derechos fundamentales y alineándose con los estándares internacionales de derechos humanos y protección infantil. Esta normativa refleja el compromiso de España con la defensa del interés superior del menor, asegurando que todas las decisiones y actuaciones relacionadas con ellos prioricen su bienestar, seguridad y desarrollo integral.

En el caso de los menores acompañados, el reglamento establece disposiciones claras para proteger a los menores extranjeros que ingresan a España en compañía de sus tutores legales. Uno de los principios rectores de esta categoría es la unidad familiar, que busca garantizar que los menores permanezcan junto a sus familias en un entorno seguro y estable. Los tutores legales deben acreditar que cuentan con medios económicos suficientes para garantizar el bienestar del menor durante su estancia en el país, así como disponer de un alojamiento adecuado que cumpla con los estándares básicos de habitabilidad y seguridad. Estas disposiciones aseguran que los menores acompañados puedan disfrutar de una vida digna y estable mientras se encuentren en territorio español.

Además, el nuevo Reglamento de Extranjería refuerza el acceso de los menores acompañados a los servicios básicos, como la educación, la atención sanitaria y la protección social, asegurando que puedan integrarse plenamente en la sociedad española. Esto incluye su inscripción en centros educativos y su acceso a programas diseñados para fomentar su desarrollo personal, social y académico. Al garantizar estos derechos, el reglamento no solo protege a los menores acompañados, sino que también promueve su inclusión y participación en la vida comunitaria, facilitando su integración en un entorno nuevo y diverso.

Por otro lado, los menores extranjeros no acompañados constituyen un colectivo especialmente vulnerable, y el reglamento introduce medidas específicas para su protección y atención integral. Al llegar a España, las autoridades competentes tienen la responsabilidad de proceder a su identificación y realizar una evaluación exhaustiva de sus necesidades. Este proceso incluye la asignación del menor a un centro de acogida, donde se le garantiza un entorno seguro y el acceso a servicios básicos esenciales, como la alimentación, la educación, la asistencia sanitaria y el apoyo psicológico. La prioridad en estos casos es ofrecer una solución inmediata que garantice la seguridad y el bienestar del menor, protegiéndolo de situaciones de explotación, abuso o abandono.

En los casos en que los menores no acompañados no dispongan de documentación adecuada que acredite su edad, el reglamento establece procedimientos específicos para la determinación de la edad, basados en protocolos que respeten la dignidad y los derechos del menor. Este proceso, diseñado para ser lo menos invasivo posible, incluye pruebas médicas y la valoración de otros documentos o testimonios que puedan aportar claridad sobre la edad del menor. Estas disposiciones son fundamentales para garantizar que los menores sean tratados conforme a su condición y no sean sometidos a procedimientos que puedan vulnerar sus derechos.

Una vez que el menor ha sido identificado y acogido, el reglamento garantiza su acceso a servicios básicos esenciales, independientemente de su situación migratoria. Esto incluye la educación obligatoria y gratuita, que les permite continuar su formación académica, así como la atención sanitaria universal, que cubre sus necesidades de salud física y mental. Además, se asegura la asistencia jurídica gratuita para todos los menores no acompañados, permitiéndoles comprender sus derechos y participar activamente en los procedimientos legales que les afecten. Este enfoque integral garantiza que los menores puedan desarrollarse en un entorno seguro y estable, protegiendo su bienestar a corto y largo plazo.

En cuanto a la repatriación, el reglamento introduce salvaguardias estrictas para garantizar que cualquier retorno al país de origen se realice de manera voluntaria y en condiciones que protejan el interés superior del menor. Antes de proceder a la repatriación, las autoridades deben realizar una evaluación exhaustiva de las condiciones en el país de origen, asegurándose de que el menor no estará expuesto a situaciones de peligro, abuso o negligencia. Además, se deben explorar todas las alternativas posibles para garantizar la protección del menor, priorizando su reubicación en un entorno seguro y familiar. Estas medidas reflejan un enfoque humanitario y responsable, asegurando que las decisiones relacionadas con la repatriación respeten los derechos fundamentales del menor.

El nuevo Reglamento de Extranjería también refuerza la coordinación interinstitucional entre las distintas entidades responsables de la protección de menores, incluyendo las comunidades autónomas, las autoridades locales y las organizaciones no gubernamentales. Esta colaboración es esencial para garantizar que todos los menores, independientemente de su situación migratoria, reciban la atención y el apoyo necesarios. Las comunidades autónomas desempeñan un papel clave en la provisión de servicios de acogida y protección, mientras que las organizaciones no gubernamentales contribuyen con su experiencia en el trabajo directo con menores vulnerables, proporcionando apoyo adicional y defendiendo sus derechos.

Además de garantizar la protección inmediata de los menores, el reglamento promueve su integración a largo plazo en la sociedad española. Esto incluye la implementación de programas educativos y formativos diseñados para ayudar a los menores a adquirir las habilidades y conocimientos necesarios para su desarrollo personal y profesional. Al proporcionarles estas oportunidades, el reglamento no solo protege a los menores, sino que también les ofrece una base sólida para construir un futuro estable y próspero.

El impacto de estas disposiciones es significativo tanto a nivel individual como social. Para los menores, las medidas garantizan su seguridad, bienestar y desarrollo integral, ofreciendo una protección efectiva frente a las vulnerabilidades asociadas a la migración. Para la sociedad española, estas disposiciones refuerzan el compromiso con los derechos humanos y la justicia social, promoviendo una convivencia inclusiva y solidaria.

7.2. Procedimientos para desplazamientos temporales

Se establece un marco normativo detallado para los desplazamientos temporales de menores extranjeros a España, asegurando su bienestar, protección y el respeto absoluto a sus derechos. Estas disposiciones, diseñadas con un enfoque humanitario, abarcan diversas situaciones que requieren la entrada temporal de menores al territorio español, tales como tratamientos médicos, programas vacacionales, iniciativas de escolarización y traslados en el marco de programas de carácter humanitario. La normativa garantiza que todos los procedimientos estén orientados al interés superior del menor, alineándose con los estándares internacionales de derechos de la infancia y reforzando el compromiso de España con una migración humanitaria y responsable.

Dentro de los programas de carácter humanitario, el reglamento contempla la posibilidad de trasladar temporalmente a menores extranjeros para garantizar su bienestar en situaciones de vulnerabilidad. Esto incluye iniciativas como tratamientos médicos urgentes, programas de acogida en períodos vacacionales y escolarización en entornos seguros. Las entidades responsables de estos programas deben cumplir con estrictos requisitos administrativos y garantizar que los menores reciban atención adecuada durante su estancia en España. Además, se debe asegurar que el regreso al país de origen se realice en condiciones de seguridad y con pleno respeto a los derechos del menor. Este enfoque no solo protege a los menores en situaciones de riesgo, sino que también refuerza la transparencia y la rendición de cuentas de las entidades implicadas.

En el caso de los tratamientos médicos, el reglamento permite el traslado temporal de menores que requieran atención especializada que no esté disponible en su país de origen. Las entidades responsables de gestionar este tipo de desplazamientos deben demostrar que cuentan con los recursos económicos y logísticos necesarios para cubrir todos los costos asociados al tratamiento, incluyendo alojamiento, transporte y cuidados médicos. Además, es imprescindible que las autoridades sanitarias competentes validen la necesidad del tratamiento y autoricen la entrada del menor al territorio español. Este procedimiento asegura que los menores reciban la atención médica que necesitan en un entorno seguro, al tiempo que protege sus derechos y garantiza que no se vean expuestos a situaciones de riesgo o abandono.

Para los fines vacacionales, el nuevo Reglamento de Extranjería establece procedimientos claros y supervisados para el traslado temporal de menores extranjeros en el marco de programas organizados por instituciones acreditadas. Estos programas, que pueden incluir actividades recreativas, culturales y educativas, deben garantizar el cuidado, la supervisión y el bienestar de los menores durante toda su estancia en España. Las instituciones responsables tienen la obligación de asegurar que los menores participen en actividades seguras y enriquecedoras, mientras se previenen riesgos asociados a la explotación o la trata de menores. Este enfoque refuerza la dimensión humanitaria de la política migratoria española, ofreciendo a los menores en situaciones de vulnerabilidad la oportunidad de disfrutar de un entorno seguro y enriquecedor.

En cuanto a la escolarización, el reglamento permite la admisión temporal de menores extranjeros en programas educativos específicos. Esta medida está destinada a garantizar que los menores puedan acceder a una educación de calidad, especialmente en situaciones donde el sistema educativo en su país de origen no pueda satisfacer sus necesidades. Las instituciones escolares que participan en estos programas asumen la responsabilidad del alojamiento y bienestar de los menores durante su estancia en España. Además, las autorizaciones para fines educativos deben incluir un plan de retorno claramente definido, garantizando que los menores puedan regresar a su entorno familiar en condiciones seguras una vez finalizado el programa. Esta iniciativa no solo promueve la inclusión educativa de los menores extranjeros, sino que también fomenta la cooperación internacional en el ámbito educativo.

El nuevo Reglamento de Extranjería subraya la importancia de la supervisión y el seguimiento en todos los procedimientos relacionados con el traslado temporal de menores extranjeros. Las autoridades competentes deben garantizar que todos los traslados se realicen de manera segura y en cumplimiento de los estándares internacionales de protección infantil. Esto incluye la evaluación exhaustiva de las condiciones de vida de los menores durante su estancia en España, así como la implementación de mecanismos para monitorear su bienestar y prevenir cualquier forma de abuso, negligencia o explotación. Este enfoque integral asegura que los menores puedan disfrutar de una experiencia segura y positiva durante su tiempo en España.

Además, el nuevo RLOEx promueve la colaboración interinstitucional como un pilar fundamental para la implementación efectiva de estas disposiciones. Las comunidades autónomas, las autoridades locales y las organizaciones no gubernamentales desempeñan un papel clave en la gestión y supervisión de los programas destinados a menores extranjeros. Esta cooperación asegura que los menores reciban atención integral y que todas las decisiones relacionadas con ellos se tomen en función de su interés superior. Al mismo tiempo, fomenta un enfoque coordinado y eficiente en la gestión de los recursos disponibles.

El impacto de estas disposiciones es significativo, tanto a nivel individual como en términos de política migratoria general. Para los menores, estas medidas garantizan su protección, bienestar y desarrollo integral, ofreciendo soluciones adaptadas a sus necesidades específicas. Para España, este enfoque refuerza su posición como un referente en la gestión humanitaria de la migración, destacándose por su compromiso con los derechos humanos y la justicia social.

Los beneficios de estas medidas no se limitan al corto plazo, ya que también promueven la integración social y educativa de los menores extranjeros, facilitando su desarrollo personal y profesional. Por ejemplo, los menores que participan en programas educativos o vacacionales tienen la oportunidad de aprender nuevas habilidades, ampliar su perspectiva cultural y fortalecer su resiliencia. Estos beneficios se extienden a largo plazo, contribuyendo a la formación de individuos más capacitados y preparados para enfrentar los desafíos de un mundo globalizado.

8

GESTIÓN DE TRABAJADORES MIGRANTES

El **Real Decreto** 1155/2024 establece un marco renovado para la gestión de los trabajadores migrantes, con el objetivo de fomentar una migración laboral ordenada, regular y alineada con las necesidades del mercado laboral español. Este enfoque incluye la contratación en origen, la protección de los derechos laborales y las disposiciones específicas para actividades de temporada.

8.1. Contrataciones en origen: individual y colectiva

La contratación en origen se configura como un instrumento esencial para responder a las demandas de mano de obra en España, permitiendo la incorporación legal y regulada de personas extranjeras al mercado laboral en sectores clave. Este mecanismo se estructura en dos modalidades principales: la contratación individual y la gestión colectiva de contrataciones en origen. Ambas tienen como objetivo garantizar la adecuación entre las necesidades del mercado laboral español y la oferta disponible en los países de origen, promoviendo la legalidad, la transparencia y la protección de los derechos laborales.

La contratación individual permite a empleadores españoles cubrir vacantes específicas contratando directamente a personas extranjeras que no residen en España. Este procedimiento es particularmente útil en sectores donde existe una carencia reconocida de trabajadores locales, como la agricultura, la hostelería y la construcción. Los empleadores interesados deben acreditar la inexistencia de candidatos adecuados en el mercado laboral nacional y demostrar que las condiciones laborales ofrecidas cumplen con la normativa vigente. Esto incluye garantizar salarios justos, jornadas laborales reglamentadas y acceso a beneficios sociales. Este enfoque no solo asegura que las vacantes sean ocupadas por trabajadores cualificados, sino que también protege a las personas extranjeras de situaciones de explotación o abuso laboral.

Para facilitar este tipo de contrataciones, el nuevo Reglamento de Extranjería establece procedimientos claros y eficientes, que incluyen la verificación de los requisitos del empleador y del candidato, así como la coordinación con las autoridades del país de origen del trabajador. Las personas extranjeras seleccionadas a través de este mecanismo reciben un visado que les permite ingresar a España con fines laborales, asegurando que su estancia sea completamente legal y regulada. Una vez en el país, los trabajadores tienen derecho a las mismas condiciones laborales y de seguridad social que los trabajadores nacionales, promoviendo la igualdad y la integración en el entorno laboral.

Por su parte, la gestión colectiva de contrataciones en origen está diseñada para satisfacer necesidades laborales de mayor escala, permitiendo a los empleadores presentar solicitudes conjuntas para la incorporación simultánea de grupos de trabajadores extranjeros. Este modelo es especialmente relevante en actividades estacionales o proyectos que requieren un gran número de trabajadores en un periodo determinado, como las campañas agrícolas o los proyectos de construcción a gran escala. La gestión colectiva facilita la planificación y coordinación entre las autoridades españolas y los países de origen, asegurando que los procesos de selección sean transparentes y respeten los derechos de los trabajadores.

En este modelo, las autoridades españolas establecen acuerdos bilaterales con los países de origen de los trabajadores, regulando aspectos clave como los criterios de selección, las condiciones laborales y los mecanismos de retorno. Estos acuerdos son fundamentales para garantizar que las personas contratadas tengan acceso a vías legales y seguras para trabajar en España, reduciendo así los riesgos asociados a la migración irregular. Además, los países de origen también se benefician de estos acuerdos, ya que las remesas enviadas por los trabajadores contratados contribuyen al desarrollo económico local.

Una de las ventajas más destacadas de la gestión colectiva es su capacidad para abordar de manera efectiva las demandas laborales temporales y estacionales, que suelen ser difíciles de cubrir con la fuerza laboral local. Por ejemplo, en el sector agrícola, este modelo permite a los empleadores contratar trabajadores extranjeros para campañas específicas, asegurando que las tareas se realicen de manera eficiente y dentro de los plazos requeridos. Asimismo, en el sector de la construcción, la contratación colectiva facilita la movilización de grandes equipos de trabajo para proyectos de infraestructura de alta complejidad.

El nuevo Reglamento de Extranjería también refuerza la protección de los derechos de los trabajadores extranjeros contratados en origen, estableciendo mecanismos de supervisión y control para garantizar el cumplimiento de las condiciones laborales acordadas. Esto incluye inspecciones laborales regulares, la provisión de alojamiento adecuado para los trabajadores estacionales y el acceso a servicios básicos como atención sanitaria y transporte. Estas medidas no solo protegen a los trabajadores, sino que también fomentan la confianza en el sistema y reducen los riesgos de abuso o explotación.

Además, el enfoque en la contratación en origen contribuye a la cooperación internacional, fortaleciendo las relaciones entre España y los países de origen de los trabajadores. Los acuerdos bilaterales incluyen compromisos mutuos para garantizar la transparencia en los procesos de selección, la formación previa de los trabajadores y la promoción de un retorno seguro y ordenado al finalizar el periodo laboral. Esta colaboración beneficia a ambas partes, ya que España satisface sus necesidades de mano de obra y los países de origen reciben apoyo para la gestión de sus flujos migratorios y el desarrollo económico de sus comunidades.

Otro aspecto importante es el impacto positivo de estas modalidades de contratación en la reducción de la migración irregular. Al proporcionar vías legales y reguladas para que las personas extranjeras accedan al mercado laboral español, estas disposiciones contribuyen a disminuir los riesgos asociados a la migración no regulada, como la explotación, el tráfico de personas y las condiciones laborales precarias. Además, el acceso a contratos laborales formales garantiza que los trabajadores puedan disfrutar de derechos fundamentales, como la seguridad social, las prestaciones por desempleo y el derecho a la movilidad laboral.

La contratación en origen también tiene un impacto significativo en la economía española, ya que permite a los empleadores cubrir puestos de trabajo esenciales en sectores estratégicos. Esto no solo asegura la continuidad de las actividades económicas, sino que también contribuye al crecimiento y la competitividad del país. Por otro lado, las personas extranjeras contratadas a través de estos mecanismos aportan sus habilidades y experiencia al mercado laboral, enriqueciendo la diversidad y la innovación en los entornos de trabajo.

8.2. Derechos y garantías laborales

Los derechos y garantías laborales de las personas extranjeras contratadas en España se refuerzan significativamente mediante disposiciones específicas que promueven la igualdad de trato, condiciones dignas y la transparencia en las relaciones laborales. Este enfoque se alinea con los principios de justicia social y los compromisos internacionales de derechos humanos, asegurando que las personas migrantes puedan integrarse de manera justa y sostenible en el mercado laboral español mientras se respetan sus derechos fundamentales. Estas disposiciones se centran en tres áreas clave: igualdad de condiciones, alojamiento y condiciones de vida, y el derecho a la información.

La igualdad de condiciones es uno de los pilares centrales de las garantías laborales para las personas extranjeras. Las normas establecen que los trabajadores migrantes deben gozar de las mismas condiciones laborales, salariales y de seguridad social que los trabajadores nacionales. Este principio elimina cualquier tipo de discriminación basada en el origen, asegurando que las empresas no utilicen la contratación de personas extranjeras como una vía para reducir costos laborales. En términos salariales, se garantiza que las personas extranjeras reciban el mismo salario y beneficios que sus compañeros nacionales por realizar el mismo trabajo bajo las mismas condiciones. Esta disposición fomenta un entorno laboral competitivo y equitativo, donde el respeto por los derechos de los trabajadores es prioritario.

En cuanto a las prestaciones sociales, las personas extranjeras tienen pleno acceso a los sistemas de seguridad social, que incluyen la cobertura sanitaria, el acceso a prestaciones por desempleo, y el derecho a pensiones contributivas y no contributivas, siempre que cumplan con los requisitos establecidos. Esto garantiza que los trabajadores extranjeros puedan disfrutar de una red de seguridad social comparable a la de los ciudadanos españoles, promoviendo su estabilidad y bienestar en el país. Además, estas medidas refuerzan la inclusión social, permitiendo que las personas extranjeras se integren plenamente en la sociedad española con acceso a los mismos derechos y oportunidades.

El alojamiento y las condiciones de vida de los trabajadores extranjeros, especialmente aquellos empleados en sectores temporales como la agricultura, son una preocupación prioritaria. Los empleadores están obligados a proporcionar un alojamiento gratuito y adecuado para los trabajadores temporales que residen en las inmediaciones del lugar de trabajo. Este alojamiento debe cumplir con estándares mínimos de salubridad, seguridad y confort, asegurando que las personas extranjeras puedan vivir en condiciones dignas mientras desarrollan sus actividades laborales. Para garantizar el cumplimiento de estas disposiciones, se refuerzan las inspecciones laborales por parte de las autoridades competentes. Estas inspecciones supervisan no solo las condiciones laborales, sino también la calidad del alojamiento proporcionado, con el objetivo de prevenir cualquier forma de abuso o explotación por parte de los empleadores.

En caso de detectarse incumplimientos en las condiciones de alojamiento o en las garantías laborales, las personas extranjeras tienen acceso a mecanismos de denuncia seguros y eficaces. Estos mecanismos incluyen la posibilidad de recibir apoyo legal y protección mientras se resuelve su situación. Esto es particularmente importante para trabajadores que, debido a su situación migratoria o vulnerabilidad, podrían enfrentarse a mayores dificultades para defender sus derechos. Al proporcionar estos recursos, se asegura que los trabajadores puedan actuar frente a situaciones injustas sin temor a represalias.

El derecho de información es otra garantía esencial para las personas extranjeras contratadas en origen. Antes de su llegada a España, los trabajadores tienen derecho a recibir información detallada sobre sus condiciones laborales. Esto incluye aspectos como el salario, el horario de trabajo, las tareas específicas que deberán desempeñar y los derechos asociados a su puesto. Este proceso de información transparente minimiza el riesgo de que los trabajadores sean engañados o explotados, y establece una relación laboral basada en la confianza y el respeto mutuo.

Además, los empleadores tienen la obligación de informar a los trabajadores extranjeros sobre los procedimientos relacionados con la renovación o modificación de sus autorizaciones de trabajo. Este aspecto es crucial para garantizar que los trabajadores puedan mantener su situación legal de manera continua, evitando interrupciones que puedan poner en riesgo su estabilidad laboral o personal. La claridad en estos procedimientos también contribuye a reducir la carga administrativa tanto para los trabajadores como para las autoridades, promoviendo una gestión más eficiente y efectiva de las autorizaciones de trabajo.

La transparencia en la contratación y la supervisión de las condiciones laborales no solo protege a los trabajadores extranjeros, sino que también beneficia a los empleadores y al mercado laboral en su conjunto. Al garantizar un trato justo y condiciones dignas para todos los trabajadores, estas disposiciones fomentan un entorno laboral más competitivo y equitativo. Además, la claridad en los derechos y obligaciones laborales reduce los conflictos y mejora la relación entre empleadores y empleados, contribuyendo a una mayor productividad y estabilidad en los sectores que dependen en gran medida de la mano de obra extranjera.

En sectores específicos como la agricultura, la construcción y la hostelería, donde la presencia de trabajadores extranjeros es especialmente significativa, estas disposiciones tienen un impacto aún mayor. La provisión de alojamiento adecuado y la garantía de igualdad de condiciones no solo mejoran la calidad de vida de los trabajadores, sino que también refuerzan la sostenibilidad de estos sectores, asegurando que las empresas puedan satisfacer sus necesidades de mano de obra sin recurrir a prácticas que vulneren los derechos de los trabajadores.

Por otro lado, las inspecciones laborales reforzadas desempeñan un papel crucial en la implementación efectiva de estas garantías. Estas inspecciones permiten a las autoridades identificar y corregir rápidamente cualquier incumplimiento de las disposiciones legales, protegiendo a los trabajadores y promoviendo la legalidad en el entorno laboral. Además, la existencia de mecanismos de denuncia accesibles y seguros fomenta la confianza de los trabajadores extranjeros en el sistema, permitiéndoles defender sus derechos de manera efectiva.

Estas medidas también tienen un impacto positivo en la percepción general de España como destino para los trabajadores extranjeros. Al garantizar un trato justo y condiciones laborales dignas, el país refuerza su reputación como un lugar donde los derechos de los trabajadores son respetados, lo que atrae a talentos y contribuye a una migración más ordenada y regulada. Este enfoque no solo beneficia a los trabajadores y empleadores, sino que también fortalece la cohesión social y económica del país, promoviendo una integración más efectiva de las personas extranjeras en la sociedad española.

8.3. Residencia y trabajo para actividades de temporada

Las actividades laborales de temporada, especialmente en sectores como la agricultura, son esenciales para la economía española, y su gestión requiere un marco normativo que combine la eficiencia económica con la protección de los derechos de los trabajadores. Las disposiciones específicas incluidas en la regulación para la residencia y trabajo para actividades de temporada establecen un sistema integral que responde tanto a las necesidades del mercado laboral como a las de las personas extranjeras que participan en estas actividades. Estas medidas buscan garantizar un equilibrio justo entre la demanda de mano de obra temporal y las condiciones dignas para quienes realizan estas tareas.

Las autorizaciones para trabajo de temporada constituyen el eje central de esta regulación, permitiendo a las personas extranjeras residir y trabajar en España durante un periodo limitado vinculado a una campaña agrícola o una actividad estacional específica. Estas autorizaciones no solo son válidas por la duración de la campaña, sino que, en muchos casos, permiten la movilidad entre diferentes empleadores dentro del mismo sector. Esta flexibilidad es crucial para garantizar que los trabajadores puedan responder a las demandas laborales cambiantes y aprovechar al máximo las oportunidades disponibles durante su estancia en el país. Asimismo, las autorizaciones son renovables bajo ciertas condiciones, lo que brinda una continuidad laboral y facilita la planificación tanto para los empleadores como para los trabajadores.

Una de las garantías fundamentales para los trabajadores temporales es la obligatoriedad de que los empleadores proporcionen contratos claros y transparentes que detallen las condiciones laborales. Esto incluye información específica sobre el tipo de actividad a realizar, el salario, el alojamiento y los medios de transporte que se pondrán a disposición del trabajador. Estos contratos deben ser firmados antes de que los trabajadores lleguen a España, asegurando que conozcan y acepten las condiciones antes de iniciar su desplazamiento. Este nivel de transparencia ayuda a prevenir posibles abusos y malentendidos, fomentando una relación laboral basada en la confianza y el respeto mutuo.

Los empleadores tienen también la obligación de garantizar alojamiento adecuado y gratuito para los trabajadores temporales durante su estancia en España. Este alojamiento debe cumplir con estándares mínimos de salubridad, seguridad y comodidad, evitando que los trabajadores sean expuestos a condiciones precarias o inadecuadas. Además, se establecen inspecciones laborales regulares para supervisar tanto las condiciones de trabajo como la calidad del alojamiento proporcionado, asegurando el cumplimiento de las normativas vigentes y protegiendo a los trabajadores frente a posibles incumplimientos.

El acceso a servicios básicos como atención sanitaria y transporte es otro derecho esencial garantizado para los trabajadores temporales. Estas disposiciones aseguran que los trabajadores puedan llevar a cabo sus actividades laborales sin enfrentar barreras innecesarias, contribuyendo a su bienestar general durante su estancia en España. Además, se promueve el acceso a la seguridad social, incluyendo la cobertura por accidentes laborales y enfermedades profesionales, reforzando así la red de protección para estas personas.

Un aspecto innovador de estas disposiciones es el establecimiento de facilidades para la reincorporación de los trabajadores temporales en campañas sucesivas. Aquellos que cumplan con sus contratos y regresen a sus países de origen según lo estipulado tienen prioridad para futuras contrataciones. Este enfoque no solo incentiva el cumplimiento de los términos laborales, sino que también fomenta relaciones laborales estables y continuas entre empleadores y trabajadores. Al ofrecer esta prioridad, los empleadores pueden contar con trabajadores experimentados y familiarizados con sus actividades, mientras que los trabajadores tienen una vía clara y predecible para participar en campañas futuras, generando estabilidad y confianza en el sistema.

El impacto de estas disposiciones es significativo tanto para el mercado laboral español como para las personas extranjeras que participan en actividades de temporada. En el ámbito económico, las medidas garantizan que los sectores clave, como la agricultura, puedan satisfacer sus necesidades de mano de obra de manera eficiente y legal. Esto no solo asegura la continuidad de las actividades económicas, sino que también contribuye a reducir la dependencia de la economía informal y a combatir la explotación laboral. Al regularizar y estructurar estas actividades, se crea un entorno laboral más justo y competitivo que beneficia tanto a los empleadores como a los trabajadores.

Desde una perspectiva social, estas disposiciones promueven la integración de los trabajadores temporales, al garantizar que puedan trabajar en condiciones dignas y acceder a los servicios básicos necesarios durante su estancia. Este enfoque inclusivo refuerza la cohesión social y minimiza los conflictos derivados de las desigualdades en el entorno laboral. Además, al priorizar la protección de los derechos de los trabajadores, estas medidas contribuyen a mejorar la percepción de España como un destino responsable y ético para la migración laboral.

La transparencia y la eficiencia administrativa también son pilares clave de esta regulación. Los procedimientos establecidos para la solicitud y emisión de autorizaciones de trabajo son claros y accesibles, lo que facilita tanto a los empleadores como a los trabajadores cumplir con los requisitos legales. La digitalización de los procesos y la colaboración entre las distintas administraciones públicas implicadas también juegan un papel crucial en la mejora de la gestión y el seguimiento de estas actividades.

Otro elemento destacable es la cooperación internacional que subyace a la gestión de los trabajadores temporales. Los acuerdos bilaterales entre España y los países de origen de los trabajadores facilitan la selección, preparación y traslado de las personas que participarán en estas campañas. Estos acuerdos no solo garantizan que los trabajadores seleccionados cumplan con los requisitos necesarios, sino que también aseguran que sus derechos sean protegidos tanto en el país de origen como en España. Además, los países de origen se benefician de las remesas enviadas por los trabajadores, lo que contribuye al desarrollo económico de sus comunidades.

9

DISPOSICIONES COMUNES Y SANCIONADORAS

El **Real Decreto 1155/2024** incluye un conjunto de disposiciones comunes y sancionadoras que regulan los procedimientos administrativos relacionados con la extranjería, estableciendo normas claras sobre la modificación y extinción de autorizaciones, el régimen de infracciones y sanciones, y el papel de las oficinas de extranjería y centros de migraciones. Estas disposiciones tienen como objetivo garantizar la seguridad jurídica, la coherencia en la gestión de extranjería y el cumplimiento efectivo de las normativas migratorias.

9.1. Procedimientos de modificación y extinción de autorizaciones

La gestión de las autorizaciones de residencia y trabajo en España incluye procedimientos detallados que aseguran la flexibilidad y adaptabilidad del marco normativo a las circunstancias cambiantes de las personas extranjeras. Esto abarca tanto los procesos de modificación de autorizaciones como los casos de extinción, con el objetivo de mantener la estabilidad legal de las personas extranjeras y evitar situaciones de irregularidad migratoria. Estas disposiciones son esenciales en un entorno dinámico donde las condiciones sociales y económicas pueden variar considerablemente, y donde las necesidades laborales y personales de las personas extranjeras requieren un tratamiento ágil y eficiente.

En cuanto a la modificación de autorizaciones, el procedimiento facilita la adaptación de la situación legal de las personas extranjeras a nuevos contextos personales, familiares o laborales. Esto es particularmente relevante para quienes enfrentan cambios en su vida que hacen necesario ajustar su estatus migratorio. Uno de los motivos más comunes para solicitar la modificación de una autorización es la transición de una residencia por circunstancias excepcionales a una autorización de residencia temporal y trabajo. Este cambio permite a las personas extranjeras que han regularizado su situación por razones como arraigo social, laboral o humanitario acceder formalmente al mercado laboral. Al hacerlo, no solo mejoran sus perspectivas de integración social y económica, sino que también contribuyen al dinamismo del mercado laboral español.

Otra razón habitual para la modificación de autorizaciones es el cambio de empleador o actividad laboral. En un mercado en constante evolución, es común que las personas extranjeras busquen nuevas oportunidades laborales o necesiten cambiar de sector económico. El procedimiento de modificación garantiza que puedan hacerlo sin perder su estatus legal ni enfrentarse a barreras administrativas innecesarias. Esto es especialmente importante en sectores estratégicos donde la demanda de talento puede variar rápidamente. Por ejemplo, una persona extranjera que inicialmente fue contratada en el sector agrícola puede encontrar oportunidades en el sector industrial o de servicios, y el marco normativo le permite realizar esta transición sin complicaciones.

Para solicitar una modificación, es necesario presentar documentación que justifique el cambio de circunstancias. Esto incluye contratos laborales actualizados, cartas de oferta de empleo, certificados de formación o experiencia laboral, y, en caso de cambios relacionados con la reagrupación familiar, pruebas de vínculos familiares. Las autoridades evalúan esta documentación para asegurarse de que se cumplan los requisitos establecidos por la normativa antes de aprobar la modificación. Este enfoque garantiza un equilibrio entre la flexibilidad administrativa y el cumplimiento de las disposiciones legales, ofreciendo seguridad jurídica tanto a las personas extranjeras como a los empleadores.

Una de las principales ventajas de este sistema es su flexibilidad, que permite a las personas extranjeras adaptarse rápidamente a nuevas circunstancias sin interrumpir su estatus legal. Esto no solo beneficia a los trabajadores extranjeros, que pueden ajustar su situación de manera eficiente, sino también al mercado laboral español, que puede acceder a talento extranjero de forma más ágil y adaptable. Este enfoque fomenta la movilidad laboral y contribuye a satisfacer las demandas de sectores específicos, reduciendo al mismo tiempo la burocracia y los tiempos de espera.

En cuanto a la extinción de autorizaciones, las causas principales incluyen el vencimiento del plazo de validez, la falta de renovación, el incumplimiento de las condiciones asociadas a la autorización o la obtención de la nacionalidad española por parte de la persona extranjera. Estas disposiciones aseguran que el sistema se mantenga ordenado y que las personas extranjeras cumplan con los requisitos legales durante su estancia en España. Sin embargo, el marco normativo también incluye mecanismos diseñados para evitar que situaciones involuntarias, como la pérdida del empleo, resulten en irregularidad migratoria. En estos casos, las personas afectadas pueden optar por renovar o modificar su permiso, siempre que cumplan con las condiciones establecidas.

Por ejemplo, en situaciones donde una persona extranjera pierde su empleo, se le otorga un periodo de gracia para buscar una nueva oportunidad laboral sin que su estatus legal se vea afectado de inmediato. Este enfoque no solo protege a las personas extranjeras frente a las consecuencias negativas de la pérdida de empleo, sino que también fomenta la continuidad en su contribución al mercado laboral español. En estos casos, las autoridades tienen la responsabilidad de facilitar el acceso a los procedimientos necesarios para renovar o modificar la autorización, asegurando que los trámites sean claros y accesibles.

Además, el proceso de extinción incluye salvaguardias para garantizar que las decisiones sean tomadas de manera justa y en pleno cumplimiento de los principios de derechos humanos. Por ejemplo, las personas extranjeras tienen derecho a ser notificadas con antelación sobre cualquier decisión de extinción, y cuentan con la posibilidad de recurrir dicha decisión ante las instancias competentes. Esto asegura que se respeten sus derechos y se les brinde la oportunidad de presentar pruebas o argumentos que respalden su caso.

El impacto de estas disposiciones es amplio y positivo tanto para las personas extranjeras como para el sistema migratorio español. Desde el punto de vista de las personas extranjeras, estas medidas les brindan la seguridad y estabilidad necesarias para planificar su vida y su carrera en España. La posibilidad de modificar su autorización para adaptarse a nuevas oportunidades laborales o circunstancias personales es un incentivo importante para la integración social y económica, mientras que los mecanismos para evitar la extinción involuntaria de autorizaciones les protegen frente a situaciones adversas.

Desde la perspectiva del sistema migratorio, estas disposiciones contribuyen a mantener un flujo ordenado y regulado de personas extranjeras, reduciendo la presión sobre los servicios administrativos y minimizando los casos de irregularidad migratoria. Además, al facilitar la movilidad laboral y la renovación de autorizaciones, estas medidas fortalecen la capacidad del mercado laboral español para responder a los desafíos económicos y sociales, asegurando al mismo tiempo el respeto por los derechos de las personas extranjeras.

9.2. Infracciones y sanciones en extranjería

El régimen de infracciones y sanciones en extranjería se presenta como una herramienta clave para garantizar el cumplimiento de la normativa migratoria en España, equilibrando las medidas sancionadoras con un enfoque preventivo y respetuoso de los derechos fundamentales. Este marco normativo se organiza en torno a la clasificación de las infracciones, la implementación de sanciones proporcionales y la provisión de recursos legales para las personas afectadas, con el fin de asegurar la transparencia y la justicia en su aplicación.

En cuanto a la clasificación de las infracciones, estas se dividen en tres categorías principales según su gravedad: leves, graves y muy graves. Las infracciones leves incluyen conductas menores, como no informar a las autoridades sobre un cambio de domicilio o no renovar un permiso en los plazos establecidos. Estas situaciones, aunque representan incumplimientos normativos, no suelen poner en riesgo la seguridad pública ni los derechos de terceros, por lo que se sancionan de manera más leve. Este tipo de infracciones busca fomentar la responsabilidad individual y el cumplimiento administrativo sin imponer cargas excesivas a las personas extranjeras.

Las infracciones graves, por su parte, incluyen conductas que afectan directamente el orden jurídico o social, como el empleo de personas extranjeras sin la correspondiente autorización de trabajo, la falsificación de documentos migratorios o el incumplimiento de las condiciones asociadas a un permiso de residencia o trabajo. Estas acciones tienen un impacto más significativo, ya sea porque fomentan la economía informal, generan riesgos de explotación laboral o comprometen la integridad del sistema migratorio. Por ello, las sanciones asociadas son más severas, con el objetivo de disuadir este tipo de comportamientos.

En el nivel más alto de gravedad se encuentran las infracciones muy graves, que abarcan actividades relacionadas con el tráfico de personas, la reincidencia en infracciones graves o la participación en redes de inmigración irregular. Estas acciones no solo vulneran la normativa migratoria, sino que también atentan contra los derechos humanos y la seguridad pública. Las infracciones muy graves reflejan situaciones de alta complejidad y requieren una respuesta contundente para proteger tanto a las personas afectadas como al orden legal y social.

El régimen de sanciones establecido por el reglamento busca ser proporcional a la gravedad de las infracciones, estableciendo una escala de medidas que van desde multas económicas hasta, en casos extremos, la expulsión del territorio español. Las multas para infracciones leves oscilan desde los 500 euros, mientras que para las infracciones muy graves pueden alcanzar los 100.000 euros. Este enfoque escalonado permite que las sanciones sean adecuadas al impacto de la infracción, promoviendo la corrección del comportamiento sin caer en excesos punitivos.

La expulsión del territorio español se contempla únicamente en casos muy graves y como medida de último recurso. Este proceso está sujeto a estrictos principios de proporcionalidad, asegurando que solo se aplique cuando no existan otras alternativas efectivas para garantizar el cumplimiento de la normativa. Además, la ejecución de una expulsión debe respetar los derechos fundamentales de las personas afectadas, incluyendo su derecho a la defensa y la posibilidad de recurrir la decisión ante las instancias administrativas y judiciales correspondientes.

Un aspecto importante del régimen sancionador es la provisión de recursos y procedimientos de revisión para las personas sancionadas. Cualquier decisión sancionadora puede ser impugnada mediante recursos administrativos y, en su caso, judiciales, lo que garantiza que las personas afectadas tengan la oportunidad de defender sus derechos y cuestionar la legalidad de las decisiones adoptadas. El reglamento establece plazos claros tanto para la presentación de estos recursos como para su resolución, asegurando la transparencia y la agilidad en el proceso.

El acceso a recursos no solo protege los derechos individuales de las personas extranjeras, sino que también refuerza la legitimidad del sistema sancionador. Al garantizar que todas las decisiones puedan ser revisadas de manera justa e independiente, se fomenta la confianza en el sistema y se minimizan las percepciones de arbitrariedad o injusticia. Este enfoque es particularmente relevante en casos de infracciones graves o muy graves, donde las consecuencias para las personas afectadas pueden ser significativas, incluyendo la pérdida de derechos laborales o la expulsión del país.

El régimen sancionador también pone énfasis en la prevención y la educación como herramientas clave para fomentar el cumplimiento normativo. Esto incluye campañas informativas dirigidas tanto a las personas extranjeras como a los empleadores, con el objetivo de asegurar que conozcan sus derechos y responsabilidades bajo la normativa migratoria. Al proporcionar información clara y accesible, se reduce la probabilidad de infracciones involuntarias y se promueve una mayor adherencia a las reglas establecidas.

En el ámbito empresarial, el régimen sancionador busca disuadir prácticas que fomenten la economía informal o la explotación laboral. Las sanciones aplicadas a los empleadores que contraten a personas extranjeras sin autorización de trabajo son un ejemplo claro de esta estrategia. Estas medidas no solo protegen a las personas extranjeras de situaciones de abuso, sino que también promueven la competencia justa entre las empresas, asegurando que todas cumplan con las mismas obligaciones legales y éticas.

Además, el reglamento establece mecanismos para la detección y supervisión de infracciones, incluyendo inspecciones laborales y controles administrativos. Estas acciones permiten a las autoridades identificar y abordar rápidamente situaciones de incumplimiento, asegurando que el régimen sancionador sea aplicado de manera efectiva y equitativa. La implementación de estas medidas es esencial para mantener la integridad del sistema migratorio y garantizar que las normas se apliquen de manera consistente.

Por último, el impacto del régimen sancionador va más allá de la aplicación de medidas punitivas, contribuyendo a la protección de los derechos humanos, la cohesión social y la integridad del mercado laboral. Al establecer sanciones proporcionales y mecanismos de recurso accesibles, el sistema promueve un enfoque equilibrado que combina la firmeza en la aplicación de la ley con la protección de los derechos fundamentales de las personas extranjeras.

9.3. Oficinas de Extranjería y Centros de Migraciones

Las Oficinas de Extranjería y los Centros de Migraciones desempeñan un papel crucial en la gestión de los flujos migratorios en España, actuando como puntos clave de contacto entre las personas extranjeras y las autoridades. Ambos son esenciales para garantizar una administración eficiente, accesible y humana en el marco de la normativa de extranjería. Su funcionamiento, modernización y fortalecimiento están en el centro de las disposiciones del marco normativo, con un enfoque claro en la mejora de los servicios, la protección de los derechos y la promoción de la integración de las personas extranjeras en la sociedad española.

Las Oficinas de Extranjería, distribuidas por todo el territorio nacional, son responsables de gestionar y resolver las solicitudes relacionadas con las autorizaciones de residencia, trabajo y otros trámites previstos en la normativa migratoria. Estas oficinas actúan como el primer punto de contacto para las personas extranjeras que buscan regularizar su situación en España o renovar sus permisos. La reforma normativa prioriza la digitalización y modernización de estas oficinas, con el objetivo de agilizar los procedimientos, reducir la carga administrativa y mejorar la experiencia de las personas usuarias. El uso de plataformas electrónicas para la presentación de solicitudes, el acceso a información y el seguimiento de expedientes se convierte en una de las principales estrategias para lograr estos objetivos. Esta transformación digital no solo beneficia a las personas extranjeras, que pueden realizar sus trámites de manera más sencilla y eficiente, sino también a las propias oficinas, que optimizan sus recursos y reducen los tiempos de respuesta.

Un elemento clave en el funcionamiento de las oficinas de extranjería es la implementación de criterios unificados en todo el territorio español. Esto significa que todas las oficinas deben aplicar la normativa de extranjería de manera coherente, evitando disparidades en la interpretación y resolución de solicitudes según la ubicación geográfica. Esta uniformidad aporta seguridad jurídica tanto a las personas extranjeras como a los operadores jurídicos y administrativos, garantizando un trato igualitario y justo en cualquier punto del país. Para ello, se ha fortalecido la formación del personal de estas oficinas, asegurando que cuenten con el conocimiento y las herramientas necesarias para llevar a cabo sus funciones de manera eficiente y alineada con los principios de la normativa vigente.

En cuanto a los Centros de Migraciones tienen un enfoque complementario al de las oficinas de extranjería, centrándose en la acogida y atención de personas extranjeras en situación de vulnerabilidad. Estos centros desempeñan un papel esencial en la integración social de colectivos como menores no acompañados, solicitantes de protección internacional, víctimas de trata de personas y otras personas extranjeras que requieren apoyo adicional. Los servicios ofrecidos en estos centros incluyen orientación social y legal, formación profesional, asistencia sanitaria y psicológica, y apoyo en el acceso a servicios básicos. Estas acciones están diseñadas para facilitar la transición de las personas extranjeras hacia una vida autónoma e integrada en la sociedad española.

La normativa establece estándares mínimos de calidad para los centros de migraciones, asegurando que las condiciones de alojamiento y atención sean dignas y adecuadas. Esto incluye garantizar espacios seguros, limpios y confortables, así como la provisión de recursos suficientes para atender las necesidades básicas de las personas alojadas. Además, se promueve la capacitación continua del personal de estos centros para que puedan ofrecer una atención de calidad y adaptada a las particularidades de cada colectivo, desde menores no acompañados hasta personas que han sido víctimas de explotación.

La modernización de los centros de migraciones también pasa por la ampliación de su capacidad operativa y la mejora de su coordinación con otras instituciones públicas y organizaciones de la sociedad civil. Esto permite una gestión más eficiente de los recursos y una respuesta más ágil a las demandas de las personas extranjeras, especialmente en situaciones de emergencia o de aumentos significativos en los flujos migratorios. La colaboración interinstitucional es clave para garantizar una atención integral, que no solo cubra las necesidades inmediatas, sino que también fomente la inclusión y el bienestar a largo plazo.

Un aspecto importante de estas disposiciones es el impacto positivo que tienen tanto en las personas extranjeras como en la sociedad en general. Para las personas extranjeras, las mejoras en las oficinas de extranjería y los centros de migraciones se traducen en una experiencia más accesible, eficiente y respetuosa durante su interacción con las autoridades españolas. Esto refuerza su confianza en el sistema y facilita su proceso de integración en el país. Desde el punto de vista social, el fortalecimiento de estas instituciones contribuye a una gestión más humana y ordenada de los flujos migratorios, reduciendo tensiones y promoviendo la cohesión social.

La transparencia y supervisión son principios fundamentales en el funcionamiento tanto de las oficinas de extranjería como de los centros de migraciones. Las personas extranjeras tienen derecho a recibir información clara y actualizada sobre sus trámites y a acceder a mecanismos de queja o recurso en caso de que consideren que sus derechos no han sido respetados. En el caso de los centros de migraciones, se establecen sistemas de evaluación continua para garantizar que las condiciones de atención cumplan con los estándares establecidos y se ajusten a las necesidades cambiantes de los colectivos atendidos.

Además, estas disposiciones tienen un impacto significativo en la eficiencia administrativa del sistema migratorio español. Al digitalizar los procedimientos y unificar criterios, las oficinas de extranjería pueden manejar un mayor volumen de solicitudes con recursos limitados, reduciendo los tiempos de espera y mejorando la calidad del servicio. Por su parte, los centros de migraciones, al contar con mejores instalaciones y una coordinación más eficaz, pueden atender de manera más efectiva a las personas extranjeras en situaciones vulnerables, optimizando el uso de los recursos públicos.

Finalmente, el fortalecimiento de las Oficinas de Extranjería y los centros de migraciones tiene un efecto positivo en la percepción internacional de España como un país que gestiona la migración de manera ética, eficiente y respetuosa. Estas medidas no solo cumplen con los compromisos internacionales en materia de derechos humanos, sino que también posicionan a España como un modelo a seguir en la implementación de políticas migratorias inclusivas y sostenibles.

10

IMPACTO ESPERADO DE LAS REFORMAS

El **Real Decreto 1155/2024** representa un avance significativo en la política migratoria española, con reformas orientadas a modernizar la gestión de los flujos migratorios y garantizar la plena integración de las personas extranjeras en la sociedad. Estas medidas no solo abordan las necesidades actuales, sino que también buscan posicionar a España como un referente en la gestión migratoria basada en principios de equidad, eficiencia y respeto a los derechos humanos. A continuación, se analizan los principales impactos esperados:

10.1. Mejora de la integración social y económica

Uno de los objetivos centrales del reglamento es fomentar la integración plena de las personas extranjeras en la sociedad española, abordando tanto los aspectos sociales como económicos:

1. Participación activa en la economía:

   » Las nuevas figuras como el «arraigo socio formativo» y el «arraigo de segunda oportunidad» están diseñadas para regularizar la situación de personas extranjeras que ya contribuyen activamente a la economía y la sociedad.

» Al facilitar el acceso al mercado laboral, estas medidas no solo benefician a las personas extranjeras, sino que también refuerzan sectores con déficit de mano de obra, como la agricultura, la hostelería y los servicios.

2. Acceso a servicios públicos:

» El nuevo Reglamento de Extranjería garantiza un mejor acceso a servicios esenciales, como la educación, la formación profesional y la sanidad, lo que fomenta una integración sostenible.

» Las personas extranjeras en situación de vulnerabilidad, como víctimas de violencia de género o trata, reciben mayor apoyo para su recuperación y reincorporación a la sociedad.

3. Fomento de la cohesión social:

» Las políticas de reagrupación familiar fortalecen los lazos familiares, promoviendo la estabilidad emocional y social de las personas extranjeras.

» Los programas específicos para menores extranjeros, tanto acompañados como no acompañados, garantizan su bienestar y educación, contribuyendo al desarrollo de una sociedad más inclusiva.

10.2. Competitividad empresarial

Fomentar la integración plena de las personas extranjeras en la sociedad española es una prioridad estratégica que aborda tanto los aspectos sociales como económicos, buscando garantizar la convivencia armónica y la sostenibilidad del modelo migratorio. A través de medidas específicas, el marco normativo pone en marcha un conjunto de disposiciones orientadas a facilitar la participación activa de las personas extranjeras en la economía, el acceso a servicios públicos esenciales y el fortalecimiento de la cohesión social, promoviendo una integración que beneficie tanto a los migrantes como a la sociedad en general.

La participación activa en la economía se convierte en uno de los ejes fundamentales para la integración. Figuras como el «arraigo socio formativo» y el «arraigo de segunda oportunidad» destacan por ofrecer vías de regularización para personas extranjeras que ya contribuyen al desarrollo económico y social del país. Estas figuras permiten a quienes han estado en España en situación irregular, pero con un historial de inserción laboral o formativa, acceder a la regularización y, con ello, integrarse formalmente en el mercado laboral. Esto no solo beneficia a las personas extranjeras, al brindarles estabilidad jurídica y laboral, sino que también responde a las necesidades de sectores con escasez de mano de obra, como la agricultura, la hostelería y los servicios. Al promover la incorporación de talento extranjero en estos sectores, se refuerzan industrias clave para la economía española, asegurando su competitividad y sostenibilidad.

Por otro lado, las medidas dirigidas a garantizar el acceso a servicios públicos esenciales son fundamentales para promover una integración sostenible y equitativa. Se ha establecido un marco que facilita el acceso a la educación, la formación profesional y la sanidad, asegurando que las personas extranjeras puedan desarrollar su potencial y contribuir de manera significativa a la sociedad española. La educación y la formación profesional son particularmente relevantes, ya que permiten a las personas extranjeras adquirir las competencias necesarias para integrarse en el mercado laboral y adaptarse a las demandas de un entorno económico en constante evolución.

Para las personas en situación de vulnerabilidad, como las víctimas de violencia de género, violencia sexual o trata de personas, el marco normativo refuerza los mecanismos de apoyo y protección. Estas personas tienen acceso prioritario a servicios de atención psicológica, sanitaria y social, que les permiten superar las barreras derivadas de sus experiencias traumáticas y reintegrarse plenamente en la sociedad. Este enfoque humanitario no solo es un reflejo del compromiso de España con los derechos humanos, sino que también contribuye a la cohesión social al garantizar que nadie quede atrás en el proceso de integración.

El fomento de la cohesión social es otro pilar clave de las disposiciones dirigidas a la integración. La reagrupación familiar, por ejemplo, no solo garantiza el derecho a la unidad familiar, sino que también promueve la estabilidad emocional y social de las personas extranjeras. Al permitir que las familias vivan juntas en condiciones dignas y legales, estas políticas fortalecen los lazos afectivos y fomentan un entorno propicio para el desarrollo personal y comunitario. La cohesión social también se ve reforzada por programas específicos dirigidos a menores extranjeros, tanto acompañados como no acompañados, que garantizan su bienestar, acceso a la educación y protección integral. Estos programas aseguran que los menores puedan integrarse plenamente en el sistema educativo y social español, sentando las bases para una sociedad más inclusiva y equitativa.

Además, el marco normativo fomenta la interacción entre las personas extranjeras y la comunidad de acogida, promoviendo valores de respeto, convivencia y colaboración mutua. A través de iniciativas como programas de formación y empleo, actividades culturales y servicios comunitarios, se crean espacios de encuentro y diálogo que fortalecen el entendimiento mutuo y reducen las tensiones derivadas de los prejuicios o las barreras culturales. Este enfoque inclusivo contribuye a construir una sociedad donde las diferencias culturales sean vistas como una riqueza, en lugar de una fuente de conflicto.

Las políticas de integración también tienen un impacto significativo en el ámbito local, especialmente en comunidades rurales y regiones con desafíos demográficos. La llegada de personas extranjeras a estas zonas no solo ayuda a revitalizar comunidades que enfrentan problemas de despoblación, sino que también aporta diversidad cultural y dinamismo económico. Al facilitar la integración de las personas extranjeras en estas áreas, se crean oportunidades para el desarrollo local y se promueve una distribución más equilibrada de los flujos migratorios en el territorio nacional.

Otro aspecto destacado es la promoción de la igualdad de género y la protección de los derechos de las mujeres extranjeras. Las medidas dirigidas a mujeres en situación de vulnerabilidad no solo les proporcionan un entorno seguro y acceso a servicios esenciales, sino que también fomentan su empoderamiento y participación activa en la sociedad. Esto incluye acceso a programas de formación, oportunidades de empleo y apoyo en la conciliación de la vida laboral y familiar, asegurando que puedan construir un futuro estable y autónomo.

El impacto de estas políticas de integración se extiende más allá de los beneficios directos para las personas extranjeras, afectando positivamente a toda la sociedad española. Una integración exitosa fortalece el tejido social, reduce las desigualdades y fomenta un entorno de convivencia basado en el respeto y la cooperación. Además, la incorporación de talento extranjero al mercado laboral contribuye al crecimiento económico, la innovación y la sostenibilidad de los sistemas de bienestar, especialmente en un contexto de envejecimiento poblacional y disminución de la fuerza laboral local.

La colaboración interinstitucional y el apoyo de las organizaciones de la sociedad civil son fundamentales para el éxito de estas políticas. La implementación de programas de integración requiere una coordinación efectiva entre las administraciones públicas, los empleadores, las comunidades locales y las entidades del tercer sector. Este enfoque colaborativo asegura que los recursos se utilicen de manera eficiente y que las necesidades de las personas extranjeras se aborden de manera integral, desde su llegada al país hasta su plena integración en la sociedad.

10.3. Seguridad jurídica y transparencia

La modernización de la normativa en materia de extranjería constituye un pilar fundamental para garantizar la seguridad jurídica y la transparencia en la gestión migratoria en España. Estos elementos son esenciales para generar confianza en las personas extranjeras y en todos los actores involucrados, incluyendo empleadores, organizaciones no gubernamentales y las propias administraciones públicas. La claridad normativa, la protección de los derechos fundamentales y la transparencia en la gestión son las bases que sostienen este enfoque renovado y eficiente.

Uno de los aspectos más relevantes es la claridad normativa, que se logra mediante la unificación de criterios y la simplificación de los procedimientos. En el pasado, la falta de coherencia en la aplicación de la normativa migratoria generaba inconsistencias que afectaban tanto a las personas extranjeras como a las instituciones responsables de su gestión. Ahora, el reglamento establece directrices claras y uniformes que aseguran una interpretación homogénea en todo el territorio español. Esto incluye definiciones precisas sobre los requisitos para las autorizaciones de residencia y trabajo, así como procedimientos detallados para la modificación y renovación de permisos. La eliminación de ambigüedades no solo facilita la comprensión de las normas, sino que también reduce la posibilidad de errores administrativos que podrían perjudicar a las personas extranjeras.

La digitalización de los trámites es otro componente crucial para reforzar la seguridad jurídica y la accesibilidad del sistema. A través de plataformas electrónicas, las personas extranjeras pueden presentar solicitudes, realizar consultas y seguir el estado de sus trámites sin necesidad de desplazarse físicamente a las oficinas de extranjería. Esto no solo agiliza los procesos, sino que también minimiza los riesgos asociados a la pérdida de documentos o a la falta de información. Además, la digitalización permite una mejor coordinación entre las diferentes administraciones públicas, promoviendo una gestión más eficiente y evitando duplicidades en la verificación de datos.

La protección de los derechos fundamentales ocupa un lugar central en esta reforma normativa. Una de las medidas más destacadas es la introducción de plazos claros para la resolución de solicitudes y recursos administrativos. Este aspecto es especialmente importante, ya que en el pasado las demoras prolongadas generaban incertidumbre y vulnerabilidad entre las personas extranjeras. Ahora, las autoridades están obligadas a resolver en tiempos razonables, lo que garantiza una mayor previsibilidad y confianza en el sistema. Además, las garantías procesales establecidas permiten que las personas extranjeras puedan defender sus derechos de manera efectiva, ya sea a través de recursos administrativos o mediante la intervención de los tribunales.

Estas garantías no solo protegen a las personas extranjeras frente a posibles abusos o discriminaciones, sino que también fortalecen la legitimidad del sistema migratorio. Al proporcionar un marco claro y equitativo, se fomenta la confianza tanto de las personas extranjeras como de los actores nacionales e internacionales en la gestión migratoria española. Este enfoque refuerza la percepción de España como un país que combina la firmeza en la aplicación de la normativa con el respeto a los derechos humanos y los principios de justicia.

La transparencia en la gestión migratoria es otro pilar clave. Las disposiciones normativas incluyen mecanismos para evaluar y supervisar la gestión de las oficinas de extranjería, lo que garantiza una rendición de cuentas efectiva. Esto implica la recopilación y análisis de datos relacionados con los flujos migratorios, el desempeño de las oficinas y la resolución de solicitudes. Esta información no solo permite identificar áreas de mejora, sino que también facilita la elaboración de políticas basadas en evidencias, adaptadas a las necesidades reales del país y de las personas extranjeras.

En el ámbito de la cooperación internacional, los acuerdos bilaterales con países de origen juegan un papel crucial para garantizar procesos migratorios éticos y organizados. Estos acuerdos establecen marcos claros para la selección, traslado y protección de las personas extranjeras, promoviendo una migración regular y ordenada. Además, refuerzan la capacidad de las autoridades españolas para coordinarse con sus contrapartes internacionales en la prevención de prácticas abusivas, como la trata de personas o la explotación laboral. La transparencia en estos acuerdos es fundamental para asegurar que se respeten los derechos de las personas migrantes y que las oportunidades laborales se distribuyan de manera justa.

Otro impacto significativo de estas disposiciones es la consolidación de un modelo de gestión migratoria basado en la sostenibilidad y la inclusión. Al garantizar la seguridad jurídica y la transparencia, se promueve un entorno donde las personas extranjeras pueden integrarse plenamente en la sociedad española, contribuyendo al desarrollo económico, social y cultural del país. Esta integración se ve favorecida por un sistema migratorio que es percibido como justo y accesible, lo que reduce las tensiones sociales y fomenta la cohesión comunitaria.

El marco normativo también tiene implicaciones positivas para los empleadores y otros actores económicos. La claridad en los requisitos y procedimientos para la contratación de personas extranjeras reduce la incertidumbre y los costos asociados a la gestión de recursos humanos en un entorno globalizado. Esto es particularmente relevante en sectores con alta demanda de mano de obra, como la agricultura, la hostelería y la tecnología, donde la capacidad para atraer y retener talento extranjero es un factor crítico de competitividad.

Desde una perspectiva global, las medidas adoptadas refuerzan la posición de España como un referente en la gestión migratoria internacional. Al alinear su normativa con los estándares de la UE y los compromisos internacionales en materia de derechos humanos, España demuestra su capacidad para abordar los desafíos migratorios contemporáneos de manera efectiva y ética. Esto no solo beneficia a las personas extranjeras y a la sociedad española, sino que también contribuye a fortalecer la cooperación internacional en temas de migración.

11

DISPOSICIONES FINALES

El **Real Decreto 1155/2024** culmina con una serie de disposiciones finales que regulan su implementación, la transición desde normativas anteriores y su alineación con los compromisos europeos. Estas disposiciones aseguran la integración efectiva del decreto en el marco legislativo español, garantizando su aplicación armónica y progresiva.

11.1. Entrada en vigor[1]

La entrada en vigor de una normativa tan amplia como la que regula el sistema de extranjería en España

---

1   Nota aclaratoria sobre la disposición transitoria quinta: El nuevo Reglamento de Extranjería ha supuesto una mejora de la regulación de la figura del arraigo con un doble objetivo que consiste en facilitar la integración de las personas extranjeras en situación irregular que tienen vínculos acreditados con España, permitiendo el acceso a una autorización de residencia, y facilitando su incorporación al mercado laboral, ya que todas las autorizaciones de residencia por arraigo habilitan a sus titulares a residir y trabajar.

requiere una planificación cuidadosa para garantizar una transición fluida y efectiva. Este proceso considera tanto las necesidades de adaptación de las administraciones

---

Por otro lado, el nuevo Reglamento se hace eco de la doctrina del propio Tribunal Supremo que, en su Sentencia 414/2024, de 24 de enero, indicó que "la situación de mera permanencia y trabajo en España a los solicitantes de asilo, que le fuera denegada dicha petición y la impugnasen en vía administrativa y jurisdiccional, no puede servir para adquirir la residencia de arraigo laboral".

Igualmente, se sigue la regulación marcada por el Reglamento (UE) 2024/1348 del Parlamento Europeo y del Consejo, de 14 de mayo de 2024, por el que se establece un procedimiento común en materia de protección internacional en la Unión y se deroga la Directiva 2013/32/UE, recoge en sus artículos 10.1 y 10.2 lo siguiente:

1. Los solicitantes tendrán derecho a permanecer en el territorio del Estado miembro en el que estén obligados a estar presentes de conformidad con el artículo 17, apartado 4, del Reglamento (UE) 2024/1351 hasta que la autoridad decisoria dicte una resolución sobre la solicitud en el procedimiento administrativo establecido en el capítulo III.

2. El derecho de permanencia no constituirá un derecho a obtener un permiso de residencia y no otorgará al solicitante el derecho a viajar al territorio de otros Estados miembros sin el documento de viaje tal como dispone el artículo 6, apartado 3, de la Directiva (UE) 2024/1346.

Además, el Reglamento regula un régimen transitorio a través de la Disposición Transitoria quinta (DT 5ª) del Real Decreto 1155/2024, de 19 de noviembre, sobre cuya aplicación procede realizar las siguientes aclaraciones y precisiones:

PRIMERA. - Sobre la condición de encontrarse en situación irregular como consecuencia de una resolución denegatoria o desestimatoria firme en sede administrativa y, en su caso, judicial de su solicitud de protección internacional.

1. Las personas interesadas deberán contar con una resolución denegatoria (de la solicitud) o desestimatoria (de cualquier tipo de recurso) firme.

2. **No** es admisible el **desistimiento de la solicitud de protección internacional.**

3. **No** pueden acogerse a la DT 5ª las personas que **desistan de un recurso administrativo** o judicial interpuesto frente a la **denegación presunta** (silencio negativo) de la solicitud de protección internacional, puesto que dicha desestimación no sería firme.

públicas como las de las personas extranjeras y los actores económicos afectados. Al establecer un periodo transitorio, se busca minimizar cualquier impacto negativo y

---

4. Sí pueden acogerse a la DT 5ª las personas que **desistan de un recurso administrativo** o judicial interpuesto frente a la **denegación expresa (resolución denegatoria) de la solicitud** de protección internacional, toda vez que dicha denegación devendría firme como resultado de este desistimiento.

El periodo de estancia en situación irregular en España comenzará a contar conforme a las reglas generales del artículo 30 de la *Ley 39/2015, de 1 de octubre, del Procedimiento Administrativo Común de las Administraciones Públicas*, **a partir del momento en que la persona interesada registre ante el órgano competente** (Oficina de Asilo y Refugio si se trata de un recurso de reposición, u órgano judicial si se trata de un recurso contencioso-administrativo) **su escrito de desistimiento del recurso**, siempre que hayan transcurrido al menos dos meses desde la notificación de la denegación expresa inicial de protección internacional. A estos efectos, podrán presentar ante la Delegación o Subdelegación de Gobierno competente el justificante del registro de presentación junto con el escrito de desistimiento.

SEGUNDA. - Sobre los plazos.

1. Las personas interesadas deberán contar con la resolución denegatoria (de la solicitud) o desestimatoria (de un recurso) firme antes del 20 de mayo de 2025. Debe tenerse en consideración que el plazo para interponer un recurso contencioso-administrativo es de dos meses frente a una resolución expresa, por lo que esta será firme pasados dos meses desde su notificación, no antes.

2. El tiempo mínimo que la persona interesada debe haber permanecido en España en situación administrativa irregular como consecuencia de una resolución denegatoria o desestimatoria firme es de 6 meses e inmediatamente anteriores a la presentación de la solicitud de esta autorización.

3. El plazo durante el que se podrán presentar las solicitudes para acogerse a este régimen transitorio es desde el 20 de mayo de 2025 hasta el 20 de mayo de 2026, ambos días incluidos.

Las personas que no reúnan las condiciones para acogerse a este régimen transitorio podrán solicitar su permiso de residencia por circunstancias excepcionales por razón de arraigo conforme a los requisitos de los artículos 126 y 127 del Reglamento de Extranjería, en concreto, deberán haber permanecido en España en situación administrativa irregular durante los dos años anteriores a la presentación de dicha solicitud.

asegurar que las nuevas disposiciones se implementen de manera ordenada y eficiente.

La fecha oficial de entrada en vigor se establece para 20 días después de la publicación del texto normativo en el BOE. Este plazo tiene como objetivo proporcionar el tiempo necesario para que todas las partes involucradas se familiaricen con las modificaciones legales y los nuevos procedimientos administrativos. Durante este periodo, las oficinas de extranjería trabajan para ajustar sus sistemas y protocolos internos, mientras que las empresas y las personas extranjeras reciben orientación sobre cómo cumplir con los nuevos requisitos.

Uno de los aspectos más relevantes de este periodo de transición es el enfoque en la digitalización de los trámites. Si bien el reglamento fomenta la digitalización completa de los procedimientos de extranjería, este proceso puede requerir una implementación progresiva debido a la complejidad técnica y operativa que implica. Por ejemplo, el desarrollo y la integración de plataformas electrónicas que permitan la presentación de solicitudes, el seguimiento de expedientes y la resolución de consultas representan un desafío logístico significativo. Para abordar este reto, la normativa contempla excepciones temporales que permiten a las oficinas de extranjería y a las personas usuarias continuar utilizando procedimientos tradicionales en aquellos casos en que la infraestructura digital aún no esté completamente operativa.

Además, algunas medidas específicas, como la creación de nuevas categorías de visados o la implementación de programas piloto relacionados con autorizaciones de residencia, también requieren más tiempo para su despliegue. Estas disposiciones están claramente delimitadas en el texto normativo, lo que garantiza que todas las partes tengan claridad sobre los plazos y condiciones bajo las cuales se aplicarán. Este enfoque escalonado no solo facilita la adaptación de las administraciones públicas, sino que también asegura que las personas extranjeras no enfrenten interrupciones innecesarias en sus trámites debido a la transición normativa.

El periodo transitorio también incluye la realización de campañas informativas dirigidas a personas extranjeras, empleadores y otros actores clave. Estas campañas tienen como objetivo garantizar que todas las partes comprendan los cambios introducidos por el reglamento, desde las nuevas categorías de visados hasta los requisitos específicos para la reagrupación familiar o la autorización de trabajo. La difusión de esta información se lleva a cabo a través de canales diversos, incluyendo plataformas digitales, oficinas de atención al público y colaboraciones con organizaciones de la sociedad civil. Esto asegura que nadie quede al margen del proceso de implementación y que las personas afectadas puedan tomar decisiones informadas en función de su situación particular.

Un aspecto clave de la entrada en vigor es la supervisión de su impacto durante los primeros meses de implementación. Las autoridades realizan un seguimiento detallado para identificar cualquier problema o área de mejora en los procedimientos. Este enfoque permite realizar ajustes en tiempo real, garantizando que el sistema funcione de manera eficiente y que se aborden rápidamente las dificultades que puedan surgir. Este monitoreo también incluye la recopilación de datos sobre el volumen de solicitudes, los tiempos de resolución y las tasas de éxito, lo que proporciona información valiosa para futuras reformas.

11.2. Derogaciones y transición normativa

La derogación de normativas previas y el establecimiento de una transición normativa son elementos clave para garantizar la coherencia y eficacia del marco jurídico en materia de extranjería en España. Este proceso busca consolidar un sistema legal más adaptado a las necesidades actuales, asegurando al mismo tiempo que la transición no genere inseguridad ni interrupciones en los trámites de las personas extranjeras.

Entre las principales normativas derogadas, destaca el Real Decreto 557/2011, que había regido el régimen de extranjería en España durante más de una década. Este texto normativo, aunque cumplió su función en su momento, se ha visto superado por la evolución de las necesidades sociales, económicas y migratorias del país. Su derogación permite dar paso a un marco más moderno y acorde con los estándares europeos y las dinámicas globales actuales. Además, se eliminan otras disposiciones que, con la implementación del nuevo reglamento, resultaban redundantes, obsoletas o inconsistentes, promoviendo así un ordenamiento jurídico más claro y simplificado.

El marco transitorio diseñado para la implementación del nuevo reglamento es crucial para garantizar la seguridad jurídica y la continuidad de los procedimientos en curso. Las autorizaciones de residencia y trabajo emitidas bajo el reglamento anterior conservarán su validez hasta su fecha de vencimiento. Esto significa que las personas extranjeras no se verán afectadas negativamente por el cambio normativo y podrán renovar sus permisos bajo las disposiciones del nuevo marco legal una vez que estos expiren. Este enfoque asegura que no se interrumpan los derechos adquiridos ni las actividades legales de quienes ya están establecidos en España.

Por otro lado, los procedimientos que estén en trámite al momento de la entrada en vigor del nuevo reglamento serán resueltos conforme a la normativa previa. Este aspecto es especialmente relevante para las personas extranjeras que hayan iniciado solicitudes bajo el marco normativo anterior, ya que garantiza que sus casos no se vean afectados por los cambios legales. Este mecanismo de transición respalda la confianza en el sistema jurídico y evita que las personas extranjeras enfrenten incertidumbre o desventajas debido a la implementación de nuevas reglas.

Además, el periodo de transición incluye medidas específicas para preparar a las administraciones públicas y a otros actores relevantes, como empleadores y organizaciones de la sociedad civil, para la adopción del nuevo marco legal. Estas medidas incluyen la formación del personal encargado de aplicar la normativa, la actualización de los sistemas digitales utilizados en los trámites migratorios y la difusión de información clara sobre los cambios normativos. Este enfoque asegura que todos los actores involucrados estén capacitados y bien informados, lo que facilita una implementación fluida y eficiente del nuevo reglamento.

En conjunto, la derogación del marco normativo anterior y la implementación de medidas transitorias bien definidas demuestran un compromiso con la modernización del sistema migratorio, sin descuidar la estabilidad y la seguridad jurídica de las personas extranjeras y otros actores involucrados. Este enfoque equilibrado permite avanzar hacia un sistema más eficiente y adaptado a los retos contemporáneos, al tiempo que garantiza la protección de los derechos y la continuidad de los trámites en curso.

La disposición final cuarta del Real Decreto 1155/2024, de 19 de noviembre, relativa a la entrada en vigor, establece que tanto el Real Decreto como el Reglamento que por él se aprueba entrarán en vigor a los 6 meses de su publicación en el Boletín Oficial del Estado, es decir, el 20 de mayo de 2025.

Por tanto, según se establece en la disposición transitoria segunda, relativa a las solicitudes presentadas con anterioridad a la entrada en vigor del citado Real Decreto 1155/2024, de 19 de noviembre, se aclara lo siguiente: a) Las solicitudes presentadas antes de la entrada en vigor del nuevo Reglamento, es decir, antes del 20 de mayo de 2025, se resolverán conforme a la normativa vigente, en consecuencia, de acuerdo con las normas y procedimientos regulados en el Real Decreto 557/2011, de 20 de abril; b) Las solicitudes presentadas a partir de la entrada en vigor del nuevo Reglamento, es decir, a partir del día 20 de mayo de 2025, se resolverán conforme a las normas y procedimientos del nuevo Reglamento de Extranjería aprobado por Real Decreto 1155/2024, de 19 de noviembre; y c) No obstante, de acuerdo con lo establecido en la disposición transitoria segunda del Real Decreto 1155/2024, de 19 de noviembre, aquellas solicitudes presentadas antes del 20 de mayo de 2025 que no hayan sido todavía resueltas en esa fecha, se resolverán conforme a lo establecido en Real Decreto 557/2011, de 20 de abril, salvo que la persona interesada solicite de forma expresa, a partir del 20 de mayo, la aplicación de lo dispuesto en el nuevo Reglamento, que ya estará en vigor, y siempre que se acredite el cumplimiento de los requisitos establecidos para cada tipo de solicitud.

11.3. Alineación con el Pacto Europeo de Migración y Asilo

La alineación de la normativa española con los principios del Pacto Europeo de Migración y Asilo refuerza el compromiso de España con una política migratoria equilibrada, que integre la gestión eficiente de los flujos migratorios con el respeto a los derechos fundamentales de las personas migrantes. Este marco europeo, diseñado para abordar los retos y oportunidades de la migración en la UE, encuentra en España un referente en la implementación de políticas solidarias, sostenibles y orientadas al futuro.

La coherencia con el marco europeo es un aspecto central de las disposiciones del nuevo Reglamento de Extranjería. Este integra las recomendaciones del Pacto Europeo en áreas clave como la gestión de fronteras, la migración laboral regular y la protección de los derechos de las personas migrantes y refugiadas. Al hacerlo, España refuerza su papel como actor clave en la UE, promoviendo un enfoque que combina la seguridad fronteriza con el respeto por los derechos humanos. Esta dualidad asegura que las políticas migratorias no solo se centren en controlar los flujos migratorios, sino también en garantizar que estos se gestionen de manera ética y conforme a los principios fundamentales de la UE.

En cuanto a la gestión compartida de flujos migratorios, el reglamento destaca la importancia de la cooperación con otros Estados miembros para abordar los desafíos migratorios de manera conjunta. Este enfoque incluye medidas específicas para la reubicación de personas solicitantes de protección internacional, en un esfuerzo por aliviar la presión sobre los Estados miembros situados en las fronteras exteriores de la UE. Además, se prioriza la mejora de las condiciones en los centros de acogida, asegurando que las personas migrantes y refugiadas reciban una atención digna y adecuada mientras se resuelven sus solicitudes.

La promoción de la migración regular y ordenada es otro pilar fundamental de esta alineación. El nuevo Reglamento de Extranjería establece mecanismos claros para facilitar la contratación en origen, fomentando vías legales y estructuradas para que las personas extranjeras accedan al mercado laboral español. Esto no solo responde a las necesidades de sectores estratégicos con déficit de mano de obra, sino que también reduce la dependencia de canales migratorios irregulares, contribuyendo a la seguridad jurídica tanto de los trabajadores como de los empleadores. Además, se fortalecen las medidas para atraer talento extranjero, posicionando a España como un destino atractivo para profesionales altamente cualificados.

En paralelo, el reglamento refuerza la lucha contra la trata de seres humanos y el tráfico ilícito de migrantes, problemas que representan serias amenazas para los derechos humanos y la seguridad de las personas migrantes. Las disposiciones incluyen medidas específicas para identificar y proteger a las víctimas, así como para sancionar de manera severa a los responsables de estas actividades ilícitas. Este enfoque integral no solo busca erradicar estas prácticas, sino también prevenirlas mediante la creación de un entorno en el que las vías legales y ordenadas sean la norma.

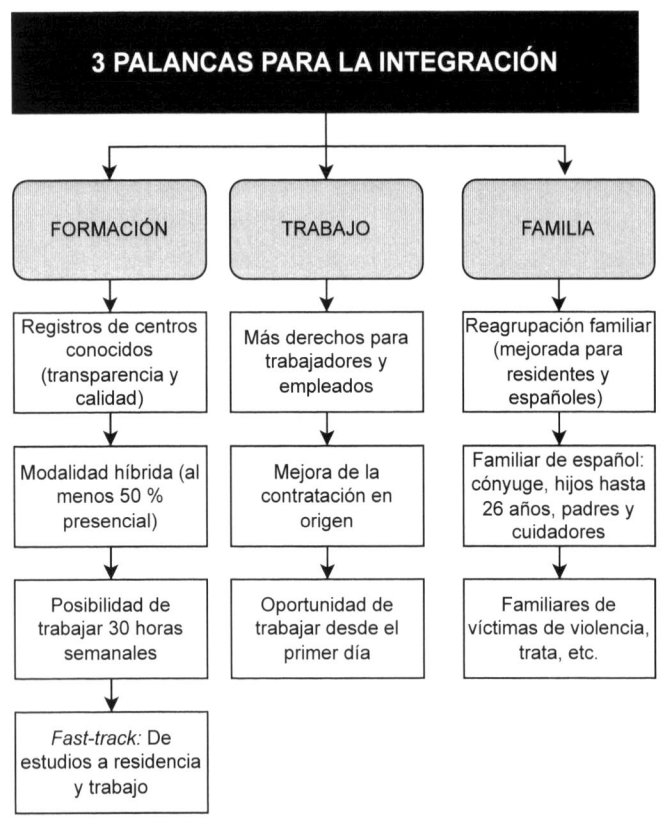

Fuente: elaboración propia, a partir del Real Decreto 1155/2024

12

CONCLUSIONES

PRIMERA.- El **Real Decreto 1155/2024** establece un nuevo estándar en la política migratoria española, demostrando un compromiso renovado con la modernización, la justicia y la eficacia en la gestión de los flujos migratorios. Este marco legal no solo aborda las demandas actuales de una sociedad globalizada, sino que también anticipa los desafíos futuros, consolidando a España como un referente en la implementación de políticas migratorias inclusivas y sostenibles. A través de su enfoque equilibrado, el reglamento busca garantizar un control eficiente de la migración, la protección de los derechos fundamentales de las personas extranjeras y su integración plena en la sociedad española.

SEGUNDA.- Entre los avances clave de la normativa migratoria, destaca la simplificación administrativa. La eliminación de trámites redundantes y la incorporación de procesos digitales representan un paso significativo hacia una gestión más ágil y accesible. La clarificación de competencias entre Consulados y Oficinas de Extranjería permite una asignación más eficiente de recursos y evita inconsistencias en la tramitación de solicitudes. Esta modernización no solo beneficia a las personas extranjeras al reducir los tiempos de espera y facilitar el acceso a servicios, sino que también mejora la capacidad de las administraciones públicas para responder a un volumen creciente de solicitudes.

TERCERA.- La ampliación de derechos y garantías es otro aspecto fundamental del nuevo Reglamento de Extranjería. Las medidas introducidas garantizan una mayor protección en ámbitos clave como el laboral, social y familiar. En el ámbito laboral, se refuerza la igualdad de trato para las personas extranjeras, asegurando que sus condiciones de trabajo sean equivalentes a las de los trabajadores nacionales. En el ámbito familiar, la reagrupación se amplía para incluir a cónyuges no casados, parejas de hecho y descendientes hasta los 26 años. Estas disposiciones no solo mejoran la estabilidad emocional y social de las personas extranjeras, sino que también promueven la cohesión social y fortalecen los lazos familiares.

CUARTA.- La flexibilidad y adaptabilidad del marco normativo permite que las personas extranjeras se ajusten rápidamente a cambios en sus circunstancias personales o laborales. Los procedimientos para modificar autorizaciones de residencia y trabajo, así como los mecanismos que previenen la extinción involuntaria de permisos, garantizan una estabilidad legal que fomenta la integración y la permanencia de las personas extranjeras en el país. Esta capacidad de respuesta también beneficia al mercado laboral, al facilitar la movilidad de los trabajadores entre sectores o empleadores sin comprometer su estatus legal.

QUINTA.- La introducción del visado de búsqueda de empleo y el arraigo de segunda oportunidad refleja un enfoque proactivo y alineado con las necesidades actuales del mercado laboral y la sociedad. El visado de búsqueda de empleo proporciona una vía legal para que las personas extranjeras encuentren trabajo en España, promoviendo una migración regular y ordenada. Por su parte, el arraigo de segunda oportunidad ofrece una solución a quienes han perdido su estatus legal debido a circunstancias excepcionales, permitiéndoles reintegrarse al sistema y contribuir al desarrollo del país. Estas medidas no solo fortalecen las vías legales de migración, sino que también reducen la dependencia de canales irregulares, incrementando la seguridad jurídica y la confianza en el sistema.

SEXTA.- El nuevo Reglamento de Extranjería también subraya el compromiso humanitario y la cooperación internacional como pilares fundamentales de la política migratoria española. Las autorizaciones por razones humanitarias se amplían para incluir situaciones de emergencia sanitaria, conflictos armados y desastres naturales, asegurando que las personas en riesgo reciban la protección necesaria.

SÉPTIMA.- Se refuerza la colaboración con otros países y organismos internacionales para gestionar de manera compartida los flujos migratorios, promover la integración de las personas migrantes y combatir la trata de seres humanos y el tráfico ilícito de migrantes. Este enfoque no solo protege a las personas más vulnerables, sino que también fortalece la posición de España como un modelo de gestión migratoria basada en la solidaridad y la justicia.

OCTAVA.- El impacto esperado del nuevo Reglamento de Extranjería abarca múltiples dimensiones. En términos de integración social y económica, las disposiciones buscan garantizar que las personas extranjeras puedan participar plenamente en la vida económica y social del país. Esto incluye el acceso a empleo, servicios públicos y oportunidades educativas, así como el fortalecimiento de la cohesión social a través de políticas de reagrupación familiar y programas específicos para menores extranjeros. En el ámbito de la seguridad jurídica, los procedimientos claros y accesibles incrementan la confianza en el sistema, tanto para las personas extranjeras como para los empleadores y otros actores económicos. Finalmente, en cuanto a la competitividad económica, el reglamento responde a las necesidades del mercado laboral, atrayendo talento extranjero y asegurando la disponibilidad de mano de obra en sectores clave.

NOVENA.- Este nuevo marco normativo no solo aborda las necesidades inmediatas de una sociedad en constante cambio, sino que también sienta las bases para una política migratoria inclusiva y sostenible a largo plazo. La capacidad del nuevo Reglamento de Extranjería para equilibrar el control de los flujos migratorios con la protección de los derechos fundamentales y la promoción de la integración refleja un enfoque integral que beneficia tanto a las personas migrantes como a la sociedad en general.

DÉCIMA.- En última instancia, las disposiciones del nuevo Reglamento de Extranjería consolidan a España como un referente en la gestión migratoria dentro de la UE y a nivel internacional. Al integrar principios de eficiencia, equidad y respeto por los derechos humanos, el país se posiciona como un líder en la construcción de un sistema migratorio que responde a los desafíos del siglo XXI con soluciones innovadoras y sostenibles. La implementación de este nuevo Reglamento de Extranjería representa un paso significativo hacia un futuro más inclusivo, justo y orientado al bienestar de todas las personas, independientemente de su origen.

BIBLIOGRAFÍA BÁSICA RECOMENDADA

ABARCA JUNCO, Ana Paloma y Otros., *El extranjero en el Derecho español*, Dykinson, Madrid, 2016.

FUERTES LÓPEZ., Javier y PALOMAR OLMEDA, Alberto, *Cuestiones prácticas del Derecho de Extranjería,* Sepin, Madrid, 2015.

MAGALLANES, Catalina y DOMENECH, Marta, *Todos los procesos de extranjería y sus actuaciones administrativas,* Atelier, Barcelona, 2018.

MARTÍN, MARTÍN, Jaime, «Las principales DIECISÉIS NOVEDADES de la redacción reglamentaria de Extranjería, RD 1155/2024 de 19 de noviembre», en *Diario LA LEY*, N.º 10613, Sección Actualidad Legislativa Comentada, 21 de Noviembre de 2024, LA LEY.

Martín Sanz, Luis, *Movilidad, extranjería y nacionalidad*, Ediciones CEF, Madrid, 2018.

OLEA GARCÍA, Belén A, y otros, *El extranjero en el Derecho español*, Dykinson, Madrid, 2019.

Ortega Giménez, Alfonso (Dir.), *Curso práctico interactivo. Derecho de la Nacionalidad y de la Extranjería*, Editorial COLEX, A Coruña (Galicia), 2024.

Ortega Giménez, Alfonso, *Código Universitario de Derecho Internacional Privado*, Boletín Oficial del Estado (BOE), Agencia Estatal Boletín Oficial del Estado, Madrid, 2023.

Ortega Giménez, Alfonso (Dir.); Heredia Sánchez, Lerdys; y, Lorente Martínez, Isabel, *Práctica del Derecho de la Nacionalidad y de la Extranjería en España*, Editorial Jurídica Sepín, S.L., Madrid, 2021.

Ortega Giménez, Alfonso y Choque Alarcón, Deisi, *La incorporación de los estudiantes e investigadores extranjeros a las universidades españolas: cuestiones prácticas de Derecho de la Extranjería y de la Nacionalidad*, Editorial Thomson Reuters Aranzadi, Cizur Menor (Navarra), 2020.

Ortega Giménez, Alfonso (Director), *Brexit: persona, Empresa y Sociedad*, Editorial Thomson Reuters Aranzadi, Cizur Menor (Navarra), 2020.

Ortega Giménez, Alfonso (Dir.) y otros, *Cuestiones Prácticas actuales de Derecho de la Nacionalidad y Extranjería,* Thomson Reuters Aranzadi, Cizur Menor (Navarra), 2018.

Ortega Giménez, Alfonso (Dir.) y Heredia Sánchez, Lerdys (Coord.) y otros, *Manual Práctico Orientativo de Derecho de Extranjería*, Aranzadi, Navarra, 2016.

Ortega Giménez, Alfonso (Dir.), Heredia Sánchez, Lerdys y otros, *Práctica de la gestión de la diversidad cultural en las aulas universitarias*, Aranzadi, Navarra, 2019.

ORTEGA GIMÉNEZ, Alfonso, *Hacia la construcción de un modelo común de la integración de la población inmigrante en la UE*, en Colección «Cuadernos básicos de Inmigración, Nacionalidad y Extranjería del Observatorio de la Inmigración de la Ciudad de Elche», Editorial Tirant lo Blanch, Valencia, 2014.

PARRA RODRÍGUEZ, Carmen. y GIMÉNEZ BACHMANN, Marc (Coord.), *Nacionalidad y extranjería,* Huyguens Editorial, Barcelona, 2016.

PEY GONZÁLEZ, José María, «El régimen de la entrada y salida del territorio español en el nuevo Reglamento de extranjería: comparativa con la regulación anterior», en *Diario LA LEY*, N.º 10627, Sección Tribuna, 13 de Diciembre de 2024, LA LEY.

RODRÍGUEZ MATEO, Pilar JIMÉNEZ BLANCO, Pilar., ESPINIELLA MENÉNDEZ, Ángel, *Régimen jurídico de los ciudadanos y de los extranjeros en la UE*, Aranzadi, Navarra, 2017.

ENLACES WEB RECOMENDADOS

ACNUR España
https://www.acnur.org/es-es/acnur-en-espana.html

Migrar con Derechos
http://www.migrarconderechos.es

Organización Mundial para las Migraciones
https://www.iom.int/es

Secretaría de Estado de Migraciones
http://www.mitramiss.gob.es/es/sec_emi/index.htm

Unidad de Grandes Empresas y Colectivos Estratégicos
http://www.investinspain.org/invest/es/invertir-en-espana/
otra-informacion-de-extranjeria/unidad-de-grandes-em-
presas-y-colectivos-estrategicos/index.html